HIDDEN

히든

1000억 비트코인은 시장에 없다

HIDDEN^(히든)

초판 1쇄 인쇄 2026년 1월 27일
초판 1쇄 발행 2026년 2월 14일

지은이 양인성 · 하재준

발행인 백유미 조영석
발행처 (주)라온아시아
주소 서울특별시 서초구 방배로 스파크플러스 3F

등록 2016년 7월 5일 제 2016-000141호
전화 070-7600-8230   **팩스** 070-4754-2473

값 19,500원
ISBN 979-11-6958-241-4 (13320)

1000억 비트코인은 시장에 없다

양인성 | 하재준 지음

싱가포르 맨데이트가 기록한
가상화폐의 진짜 시장, OTC

거래소 밖에서 작동하는
진짜 가상화폐 시장의 구조를 꿰뚫는
실전 맨데이트의 생생한 경험과 통찰력!

거래소보다
먼저 움직이는,
보이지 않는
시장의 구조를
읽어라

RAON
BOOK

두려워도 한 걸음 : 호가창 밖의 바다를 항해하며

싱가포르의 소나기는 예고 없이 쏟아진다. 마리나 베이의 화려한 스카이라인 뒤편, 굳게 닫힌 호텔 회의실 안의 공기는 밖과는 전혀 달랐다. 눅눅한 습기 대신, 팽팽한 긴장감으로 차갑게 식어 있었다.

그곳에는 한국의 유명 기업 오너가 앉아 있기도 하고, 수천 개의 비트코인을 가진 홍콩의 금융 거물이 앉아 있기도 하다. 그들 사이에는 노트북 한 대와 복잡한 암호로 잠긴 하드월렛(Hard Wallet)만이 놓여 있다.

"자, 500억 원 규모의 딜을 시작합니다."

중재자의 말 한마디에 시선이 집중된다. 같은 시각, 바이낸스나 코인베이스의 호가창은 요란하게 반짝이지만, 진짜 거대 자본은 그 숫자들이 닿지 않는 이곳, 장외거래 시장의 밀실에서 조용히 움직인다.

많은 사람이 가상자산 시장을 안다고 생각한다. 스마트폰 앱을 켜고 차트를 보며 "비트코인이 올랐네, 내렸네" 이야기한다. 하지만 내가 싱가포르 현장에서 목격한, 그리고 직접 조율해 온 시장은 앱 화면 속에 없었다.

앱 속의 호가창은 개미들이 첨벙거리는 얕은 개울일 뿐이다. 고래들은 그곳에서 헤엄치지 않는다. 그들이 움직이면 개울물은 넘치고 생태계는 파괴된다. 그래서 그들은 보이지 않는 바다인 OTC 시장을 찾는다. 이곳은 법과 무법, 신뢰와 사기, 혁신과 규제가 가장 날카롭게 부딪치는 핀테크의 최전선이다.

나는 브로커가 아니다, 맨데이트다.

나는 이 책에서 단순히 "코인으로 돈 버는 법"을 이야기하려는 게 아니다. 거대 자본과 코인 사이에서 아슬아슬한 줄타기를 하며, 딜을 설계하고 성사시키는 맨데이트(Mandate, 위임받은 자)로서의 기록을 남기려 한다.

돈을 가진 자는 코인을 믿지 못하고, 코인을 가진 자는 사람을 믿지 못한다. 한국의 꽉 막힌 규제는 이 불신을 더욱 키웠고, 수많은 자본을 싱가포르라는 낯선 땅으로 내몰았다. 나는 그 현장의 한복판에서 변호사를 고용해 법의 방패를 세우고, 에스크로를 통해 신뢰의 다리를 놓았다. 이 책은 그 야생의 기록이자, 연구 보고서다.

우리는 차 안에서 강도를 걱정해야 했고, 완벽하게 꾸며진 가짜 은행 지점에 속지 않기 위해 탐정처럼 검증해야 했다. 동시에, 낡은 규제에 갇힌 한국 금융이 싱가포르의 유연한 시스템에 어떻게 압도당하고 있는지를 뼈저리게 느껴야 했다.

이제 나는 박사 과정을 앞두고, 현장에서 체득한 이 생생한 경험들을 학문의 언어로 정리하려 한다.

《HIDDEN(히든)》이 가상자산 시장의 이면을 이해하고, 나아가 대한민국 핀테크가 나아가야 할 길을 모색하는 작은 이정표가 되기를 바란다.

이 책의 마지막장을 덮는 순간, 스스로 되물어 보길 바란다.

당신은 호가창을 끄고, 진짜 바다로 나갈 준비가 되었는가?

양인성

광범위한 취재와 재구성 : 본 도서는 저자가 싱가포르와 한국을 오가며 핀테크 최전선인 장외거래(OTC) 현장에서 직접 체득한 경험과 데이터를 바탕으로 집필되었습니다. 저자는 대중에게 알려지지 않은 시장의 미시구조와 위험성, 그리고 규제의 이면을 최대한 리얼하게 묘사하고자 노력했습니다. 이를 위해 저자의 경험뿐만 아니라 글로벌 뉴스 보도, 현지 국제 변호사 및 동료 맨데이트들로 부터 전해 들은 다양한 실전 사례들을 종합하여 재구성하였습니다.

1인칭 시점의 문학적 허용 : 독자들에게 현장의 긴박한 공기와 압도적인 몰입감을 전달하기 위해, 본문은 타인의 경험이나 전해 들은 사례조차도 마치 저자가 직접 겪은 것처럼 '1인칭 시점(I)'으로 각색하여 서술되었습니다. 이는 복잡한 금융 현장을 생생하게 전달하기 위한 문학적 장치일 뿐, 저자가 모든 사건들의 실제 행위자임을 의미하지 않습니다.

면책 조항 : 본문에 등장하는 구체적인 거래 상황, 금액, 장소 및 인물은 등장인물의 신변 보호와 법적 안전을 위해 가명 처리되거나 픽션(Fiction)으로 재구성되었습니다. 따라서 본문의 내용을 특정 개인이나 법인의 실제 행위 기록으로 간주하여서는 안 되며, 저자는 이 책의 내용을 바탕으로 한 투자의 결과에 대해 법적 책임을 지지 않습니다. 이 책은 폭로가 목적이 아니며, 오직 핀테크 산업의 구조적 이해와 제도적 제언을 위해 쓰였습니다.

본 도서에 기술된 규제 및 법률 정보(특히 한국의 로드맵 및 트래블룰, 싱가포르의 라이선스 체계 등)는 2025년 말 집필 시점을 기준으로 작성되었습니다. 가상자산 관련 법규는 매우 빠르게 변화하므로, 실제 투자나 사업 진행 시에는 반드시 최신 법령을 확인하시기 바랍니다.

차 례

Chapter 1

보이지 않는 손 : OTC 마켓의 메커니즘

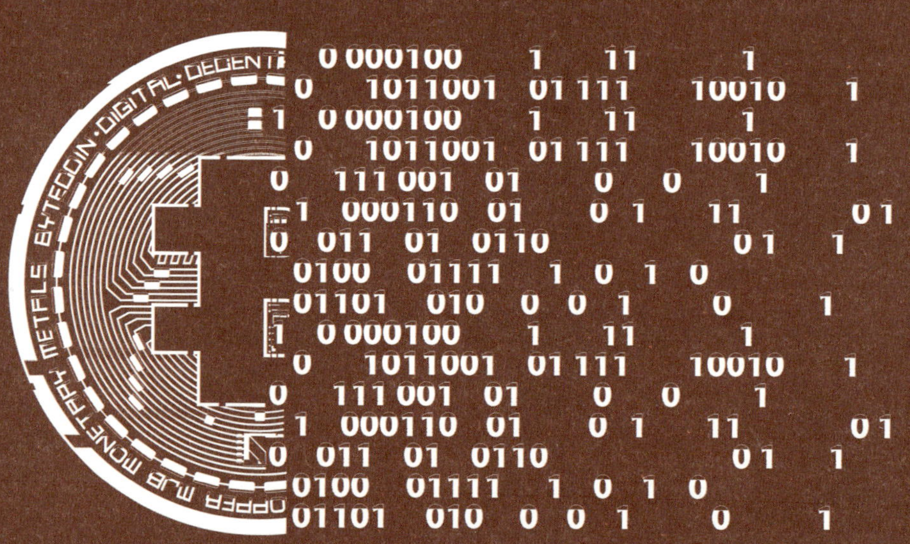

Chapter
1
보이지 않는 손
: OTC 마켓의 메커니즘
호가창 너머의 시장

빙산의 일각
: 호가창(Order Book)은 바다가 아니다

202X년의 싱가포르. 래플스 플레이스(Raffles Place) 40층에 위치한 내 오피스 창밖으로는, 거대한 배가 하늘에 떠 있는 듯한 마리나 베이 샌즈 호텔의 위용이 한눈에 들어왔다. 통유리 너머로 보이는 바다는 평화로워 보였지만, 지금 이 방 안의 공기는 폭풍 전야처럼 무거웠다.

내 앞에는 홍콩에서 날아온 패밀리 오피스(Family Office)의 자산관리자가 앉아 있었다. 그의 손에는 땀이 배어 있었다. 그는 지금당장 1,000억 원 규모의 비트코인을 현금화해야 하는 임무를 띠고 온 참이었다.

내 책상 위에는 6개의 대형 모니터가 반원을 그리며 나를 감싸고 있었다. 1번 모니터에는 블룸버그 터미널의 거시경제 지표가, 2번과 3번에는 바이낸스와 코인베이스의 실시간 차트가, 나머지 화면에는 텔레그램과 온체인 데이터 분석 툴이 쉴 새 없이 깜빡이고 있었다.

"지금 B 거래소 호가창이 너무 얇습니다. 여기서 1,000개를 던지면 가격이 5% 이상 무너집니다."

트레이더의 보고는 냉정했다. 대중들에게 거래소는 무한한 유동성을 가진 바다처럼 보이지만, 수백억 원 이상의 자금을 운용하는 고래들에게 거래소는 발목이 잠길 정도의 얕은 개울일 뿐이다.

고객은 이해할 수 없다는 표정이었다. "지금 비트코인 가격이 개당 1억 원 아닙니까? 거래소 하루 거래량이 조 단위가 넘는데, 고작 1,000개(1,000억 원)를 못 받아준다는 게 말이 됩니까?"

나는 고개를 저으며 답했다. "거래량은 '하루 동안의 손바꿈' 총량일 뿐입니다. 회장님께 지금 필요한 건 '지금 이 가격 근처에 쌓여 있는 대기 주문(오더북 깊이)'입니다."

나는 그에게 3번 모니터의 오더북(Order Book, 주문 장부) 깊이를 확대해서 보여주었다. 대중들에게 거래소는 무한한 유동성을 가진 바다처럼 보이지만, 수백억 원 이상의 자금을 운용하는 고래들에게 거래소는 발목이 잠길 정도의 얕은 개울일 뿐이다.

나는 즉석에서 시뮬레이션을 돌려주었다.

"보십시오. 현재 1억 원에 걸려 있는 매수 벽(Buy Wall)은 고작 50개뿐입니다. 고객님이 버튼을 누르는 순간, 첫 50개는 1억 원에 팔리겠죠. 하지만 그다음 물량은 9,900만 원에 걸린 매수 주문을 잡아먹고, 그다음은 9,800만 원... 이렇게 호가창을 부수고 내려가게 됩니다."

모니터 속의 시뮬레이션 그래프는 수직으로 곤두박질쳤다.

"마지막 1,000번째 비트코인이 팔릴 때의 가격은 얼마일까요? 저희 분석에 따르면 약 8,500만 원(-15%)까지 밀립니다. 결국 고객님의 평균 매도 단가는 1억 원이 아니라 9,200만 원 수준이 됩니다. 버튼 한 번 잘못 눌러서 앉은 자리에서 80억 원을 허공에 날리시겠습니까?"

고객의 얼굴이 창백해졌다. 대량 매도 주문이 호가창의 매수 벽을 차례로 무너뜨리며 가격을 끌어내리는 현상을 시장 충격(Market Impact)이라 한다. 이로 인해 주문자가 의도한 가격보다 불리한 가격에 체결되는 손실을 슬리피지(Slippage)라 부른다. 시장 충격은 슬리피지의 주요 원인 중 하나다 내가 쥔 물량이 시장의 수요보다 클 때, 내 주문이 스스로 내 가격을 깎아먹는 자승자박의 현상이다.

특히 우리는 '코인베이스 프리미엄'을 주시한다. 미국 기관 투자자들이 주로 사용하는 코인베이스의 가격이 바이낸스보다 높다면, 이는 진짜 매수세가 붙었다는 신호다. 하지만 반대의 경우라면? 누군가 물량을 떠넘기고 있다는 뜻이다. 호가창의 숫자 뒤에 숨겨진 이 거대한 힘의 균형을 읽지 못하면, 1000억 원은 순식간에 녹아내린다.

더 절망적인 것은 '유동성 환상(Liquidity Illusion)'이다. 화면에 보이는 매수 벽은 허상일 수 있다. 내가 매도 버튼을 누르는 0.001초의 찰나, 고빈도 매매(HFT) 알고리즘들은 대량 주문을 감지하고 즉시 매수 주문을 취소하고 도망간다. 이를 금융 공학에서는 '역선택(Adverse Selection)'이라 부른다. 결국 1,000억 원의 주문은 텅 빈 절벽 아 추락하게 된다. 호가창은 당신을 받아줄 생각이 없다.

그래서 진짜 선수들은 빛이 닿지 않는 곳으로 숨어든다. 호가창에는 기록되지 않지만, 거대한 자금이 은밀하게 협상되고 교환되는 곳. 바로 장외거래(OTC) 시장이다. 이곳은 공개된 가격이 아닌, 맨데이트에 의해 철저하게 조율된 가격이 지배하는 세계다.

[Deep Dive]

월스트리트에서 온 유령 : 다크풀(Dark Pool)의 역사 많은 사람이 가상자산 OTC 시장을 '음성적인 뒷거래'로 오해하곤 한다. 하지만 이러한 비공개 거래 방식은 사실 전통 금융의 심장부인 월스트리트(Wall Street)에서 탄생한 선진 금융 기법이다.

1. **탄생의 배경 (1980년대)** : 1980년대, 미국의 기관 투자자들은 고민에 빠졌다. 수천만 주의 주식을 팔아야 하는데, 뉴욕증권 거래소(NYSE)에 주문을 내면 전광판에 "거대 매도 물량 출현!"이라고 뜨면서 주가가 폭락했기 때문이다. 자신의 패를 보여 주고 포커를 치는 꼴이었다.

2. **어둠 속의 수영장 (Dark Pool)** : 그래서 탄생한 것이 '다크풀'이다. 거래소 밖(Off-exchange)에 만들어진 비공개 거래 시스템으로, 이곳에서는 주문 정보가 공개되지 않는다. 골드만삭스나 모건스탠리 같은 대형 IB들이 자신들의 우량 고객들끼리만 매칭을 시켜주는 것이다. "A 기관이 애플 주식 100만 주를 팔고 싶어 한다"는 정보는 오직 매수 의사가 있는 B 기관에게만 은밀히 전달된다.

3. **코인 시장으로의 진화** : 이 다크풀의 개념이 블록체인 시장으로 넘어온 것이 바로 크립토 OTC다. 차이점이 있다면, 주식 시장의 다크풀은 중앙화된 시스템 안에서 돌아가지만, 코인 OTC는 텔레그램과 맨데이트라는 인적 네트워크를 통해 돌아 간다는 점이다.

OTC 시장의 문을 열고 들어가면, 우리는 두 종류의 핵심 플레이어를 마주하게 된다. 일반 투자자들은 이 둘을 혼용해서 쓰지만, 싱가포르 현장에서 맨데이트로 활동하다 보면 이 둘을 구분하는 것이 생존과 직결됨을 깨닫게 된다.

마켓 메이커(MM)와 유동성 공급자(LP). 하나는 차가운 기계(Machine)이고, 다른 하나는 뜨거운 인간(Human)이다. 맨데이트의 능력은 언제 기계의 버튼을 누르고, 언제 인간에게 전화를 걸지 판단하는 데서 나온다.

1. 차가운 기계의 영역: 마켓 메이커(MM)

내 책상 위, 4번 모니터에는 항상 전용 메신저 채널이나 API 대시보드가 켜져 있다. 이곳은 윈터뮤트(Wintermute)나 점프 트레이딩(Jump Trading) 같은 글로벌 알고리즘 트레이딩 펌들이 상주하는 공간이다.

이들과의 거래에는 '인사'가 없다. 감정도, 협상도 없다. 오직 숫자와 속도만이 존재한다. 내가 "BTC 50개 매수"라는 코드를 입력하면, 그들의 봇은 0.1초 만에 "체결"이라는 응답을 보낸다.

그들의 무기는 고빈도 매매 알고리즘이다. 이들은 24시간 내내 거래소 호가창에 매수와 매도 벽을 세운다. 1억 원에 사서 1억 5만 원에 파는 식이다. 고작 0.05%의 차이. 일반 투자자라면 수수료 내고 나면 남는 게 없겠지만, 그들은 다르다.

"왜냐하면 그들은 수수료를 내는 게 아니라, 받기 때문이다."

대형 거래소들은 유동성을 공급해 주는 마켓 메이커들에게 거래 수수료를 면제해 주거나, 오히려 리베이트(Rebate)를 준다. 남들은 0.05%를 먹기 위해 싸울 때, 그들은 거래를 일으키는 것만으로도 확정적인 수익을 챙긴다. 이것이 개미는 절대 이길 수 없는 기계들의 운동장이다.

[Deep Dive]

마켓 메이커는 도박하지 않는다: 델타 뉴트럴(Delta Neutral) 사람들은 묻는다. "MM들도 비트코인 가격이 폭락하면 망하지 않나요?" 답은 "아니오"다. 진정한 마켓 메이커는 가격의 방향성(Direction)에 베팅하지 않기 때문이다. 그들이 사용하는 전략이 바로 델타 뉴트럴이다.

- **원리** : MM이 현물 비트코인 100개를 보유하고 있다면, 동시에 선물 시장(Futures Market)에서 비트코인 100개만큼 '공매도(Short)' 포지션을 잡는다.

- **효과** : 비트코인 가격이 10% 폭락하면 현물에서는 손해를 보지만, 선물 공매도에서는 똑같은 금액만큼 이익을 본다. 즉, 가격 변동에 따른 손익은 '0(Neutral)'이 된다. 이렇게 가격 리스크를 제거한 상태에서 마켓 메이커는 매수-매도 스프레드(Bid-Ask Spread)를 통해 수익을 얻는다. 예를 들어 1억 원에 사서 1억 5만 원에 팔면 5만 원이 스프레드 수익이다. 여기에 더해, 대형 거래소들은 유동성 공급의 대가로 리베이트(Rebate, 역수수료)를 지급하기도 한다.. 이것이 MM들이 하락장에서도 천문학적인 돈을 버는 학술적 비밀이다.

2. 뜨거운 인간의 영역: 유동성 공급자(LP)

하지만 딜 사이즈가 100억, 500억, 1,000억 원으로 커지면 상황은 달라진다. 이때 기계(MM)에게 말을 걸면 탈이 난다. 그 얇은 호가창으로는 이 거대한 물량을 받아낼 수 없기 때문이다.

이때 나는 모니터에서 눈을 떼고, 책상 위에 놓인 암호화된 위성 전화기를 든다. 수화기 너머의 상대는 싱가포르나 홍콩, 혹은 두바이에 있는 거대 자본의 대리인, 유동성 공급자(LP)다.

"비트코인 1,000억 원어치(약 1,000 BTC) 블록딜 원합니다. 할인율(Discount) 얼마나 주시겠습니까?"

LP와의 거래는 0.1초 만에 끝나지 않는다. 팽팽한 기 싸움이 오간다. 그들은 이 거대한 물량을 한입에 삼켜주는(Underwrite) 대신, 혹독한 대가를 요구한다.

"시장가 대비 5% 할인(Discount). 그 이하는 안 됩니다. 싫으면 시장에 던지시든가요."

심할 때는 10%까지 요구하기도 한다. 1,000억 원짜리를 900억 원에 넘기라는 소리다. 일반인들은 "미친 짓"이라고 할 것이다. 하지만 맨데이트인 나는 계산기를 두드린다. "지금 시장에 이 물량을 던지면 슬리피지로 -15%가 깨진다. 차라리 여기서 -10%에 확정 짓는 게 이득이다."

LP는 거대한 댐이다. 그들은 시장의 충격을 온몸으로 받아낸다.

"물론 그들이 무모하게 리스크를 떠안는 것은 아니다. 그들은 내 물량을 받는 즉시 파생상품 시장에서 숏 포지션(Short Position)을 잡아 가격 하락 위험을 헷징(Hedging)한다. 내가 지불하는 5%의 수수료는 그들의 자본 비용(Cost of Capital)과 복잡한 헷징 운용에 대한 정당한 대가다."

[Deep Dive]

그들은 왜 10%나 싸게 사는가: 재고 위험(Inventory Risk)과 헷징

LP들이 5~10%의 할인을 요구하는 것은 단순한 탐욕 때문일까? 경제학적으로 보면 이는 재고 위험(Inventory Risk)에 대한 정당한 보

상이다. LP가 멘데이트로부터 1,000억 원어치 비트코인을 넘겨받은 직후, 시장이 20% 폭락한다고 상상해 보라. 그들은 앉은 자리에서 200억 원을 날리게 된다. 이 공포스러운 리스크를 짊어져야 하기 때문에 그들은 싸게 사야만 한다. 또한, 그들은 이 물량을 받자마자 헷징(Hedging)을 해야 한다. 전 세계 여러 거래소로 물량을 쪼개서 분산하고, 파생상품 시장에서 반대 포지션을 잡느라 막대한 비용과 노력을 쏟아붓는다. 즉, 멘데이트가 지불하는 5~10%의 비용은 LP가 대신 수행하는 시장 충격 흡수 및 분산 비용인 셈이다.

3. 맨데이트의 선택 : 누구에게 전화를 걸 것인가

결국 OTC 현장에서의 승부는 판단력이다.

지금 내 손에 있는 이 딜이 속도가 생명인 스피드 게임이라면 나는 주저 없이 MM의 봇을 호출할 것이다. 델타 뉴트럴 전략으로 무장한 그들은 0.1%의 수수료만으로 내 물량을 처리해 줄 것이다.

하지만 이것이 시장을 파괴할 수 있는 중량급 게임이라면, 나는 비싼 수업료를 치르더라도 LP에게 전화를 걸 것이다. 재고 위험을 그들에게 떠넘기는(Risk Transfer) 것이 나의 고객을 보호하는 최선의 길이기 때문이다.

기계와 인간, 알고리즘과 협상. 이 두 세계를 오가며 최적의 경로를 설계하는 것(Routing). 그것이 호가창 뒤편에서 맨데이트가 하는 진짜 일이다.

고래가 시장을 부수는 수학적 이유
: 재고 위험(Inventory Risk)

OTC 데스크의 딜러들은 도박사가 아니다. 그들은 비트코인 가격이 오를지 내릴지 관심이 없다. 그들이 무서워하는 건 딱 하나, '재고(Inventory)'다.

상상해 보라. 루나 사태 때 권도형 측이 1조 원어치 비트코인을 팔아달라고 왔다. 딜러는 5% 싸게 샀다. 그 순간 딜러는 1조 원짜리 시한폭탄을 떠안은 셈이다. 1시간 뒤 가격이 1%만 떨어져도 100억 원이 증발한다.

그래서 그들은 '헷징 피드백 루프(Hedging Feedback Loop)'를 가동한다. 물량을 받자마자 바이낸스 선물 시장에 접속해 '공매도(Short)' 버튼을 연타하는 것이다. OTC 시장에서 거래가 성사된 직후, 거래소 차트가 갑자기 곤두박질치는 건 바로 이 때문이다.

당신의 스탑로스(Stop-loss)가 터지는 그 순간, 어딘가의 OTC 데스크에서는 안도의 한숨을 내쉬며 퇴근 준비를 하고 있다. 이것이 시장의 잔혹한 역학이다.

[deep dive] 호가창을 무너뜨린 3명의 유령들

이론은 지루할 수 있다. 하지만 역사는 피로 쓰인다. 최근 3년, 개미들의 계좌를 반토막 냈던 3번의 대폭락장. 그 차트의 붕괴 뒤에는 항상 '실패한 OTC 딜'이라는 유령이 서 있었다.

1. 독일 정부의 헛발질: "관료는 시장을 모른다" (2024)

2024년 7월, 비트코인 시장은 특별한 악재 없이 무너져 내렸다. 범인은 블록체인 밖, 독일 검찰청의 낡은 책상 앞에 앉은 관료들이었다. 그들은 범죄 수익으로 압수한 5만 개의 비트코인을 "시장 충격 없이 조용히(Market-friendly) 팔라"고 지시했다. 하지만 그들은 시장의 속성을 몰랐다.

독일 정부가 OTC 데스크에 물량을 쏟아내자, 장외 시장의 소화 능력은 한계에 달했다. 체한 딜러들은 물량을 토해내기 시작했고, 결국 독일 정부는 남은 물량을 코인베이스 같은 거래소로 직접 이체하는 악수를 뒀다.

더 큰 문제는 '투명성'이었다. '아캄(Arkham)' 같은 온체인 분석 툴이 독일 정부의 지갑을 전 세계에 실시간 생중계하고 있었다. 전 세계의 트레이더들은 정부 지갑에서 코인이 1개만 빠져나가도 먼저 '매도(Short)' 버튼을 눌렀다. 소위 '프론트 러닝(Front-running)'의

먹잇감이 된 것이다.

결국 독일 정부는 약 2조 원을 더 벌 수 있었던 기회를 날려버렸고, 시장에는 패닉만을 선물한 채 퇴장했다. 관료의 무지와 투명한 블록체인이 만나 빚어낸 거대한 촌극이었다.

2022년 5월, 권도형의 LFG(루나 파운데이션 가드)가 가격 방어를 위해 쏜 8만 개의 비트코인. 대중은 그것이 '구조대'일 거라 믿었다. 하지만 OTC 맨데이트의 눈에 그것은 시장을 죽이는 '독약'이었다.

LFG로부터 그 거대한 물량을 받아낸 것은 업계 최대의 대출 업체 제네시스 트레이딩(Genesis)과 헤지펀드들이었다. 그들은 순식간에 수조 원짜리 시한폭탄(재고)을 떠안았다. 비트코인 가격이 1%만 떨어져도 그들은 파산이었다.

살아남기 위해 그들은 미친 듯이 현물을 던지고 선물 숏을 쳤다. 그 투매가 가격을 무너뜨렸고, 그 하락은 다시 담보 가치를 떨어뜨려 3AC(쓰리 애로우 캐피털) 같은 거대 헤지펀드까지 연쇄 도산시켰다. OTC가 충격을 흡수하는 '스펀지'가 아니라, 폭락을 가속화하는 '기폭제'가 되어버린 최악의 사례였다.

앞선 두 사례가 '실현된 공포'라면, 마운트곡스(Mt. Gox)는 '보이지 않는 공포'가 얼마나 시장을 오래 짓누를 수 있는지 보여주는 사례다. 2014년 해킹으로 파산한 마운트곡스 거래소에 묶인 14만 개의 비트코인. 이 물량은 10년 동안 시장의 상승세마다 찬물을 끼얹는 '다모클레스의 칼'이었다.

2024년 7월, 마침내 상환이 시작된다는 소식이 들려왔다. 시장은 공포에 질렸다. 10년 전 평단가 600달러에 비트코인을 샀던 채권자들이, 6만 달러가 된 지금 100배(10,000%)의 차익을 실현하기 위해 물량을 쏟아낼 것이라는 예측 때문이었다.

사실 내막은 달랐다. 많은 초기 채권자는 이미 긴 기다림을 견디지 못하고 포트리스(Fortress) 같은 대형 투자사에 채권을 장외 매도한 상태였다. 즉, 물량을 받는 주체는 당장 돈이 급한 개인이 아니라, 장기 보유 여력이 있는 기관이 상당수였다.

하지만 호가창은 팩트를 기다려주지 않았다. "14만 개가 쏟아진다"는 공포 자체가 매도세를 불렀고, 독일 정부의 매도 시기와 겹치며 시장을 그해 최저점으로 끌어내렸다.

독일 정부, 루나, 마운트곡스. 이 세 유령이 주는 교훈은 명확하다. 당신이 앱을 켜고 "왜 떨어지지?"라고 묻는 순간은 이미 늦었다는 것이다. 진짜 선수들은 호가창이 무너지기 전에, 지갑이 움직이는 소리를 듣는다.

도박사와 중개인
: 프린시펄(Principal) vs 에이전시(Agency)

싱가포르의 래플스 플레이스에는 수많은 OTC 데스크가 간판을 내걸고 영업 중이다. 겉보기엔 모두 똑같은 '트레이딩 회사'처럼 보인다. 화려한 인테리어, 최신식 블룸버그 단말기, 명문대 출신의 직원들.

하지만 맨데이트인 내가 파트너를 고를 때 가장 먼저 확인하는 것은 그들의 인테리어가 아니다. 바로 그들의 실행 모델(Execution Model)이다. 이것을 구분하지 못하면, 내 고객의 자산은 낭떠러지 위에 놓이게 된다.

OTC 데스크는 본질적으로 두 가지 부류로 나뉜다. 자기 돈을 거는 도박사(Principal)와, 남을 연결해 주는 중개인(Agency)이다.

1. 자기 돈을 태우는 자들 : 프린시펄^(Principal) 모델

"가격 확정(Locked). 지금 쏘세요."

프린시펄 데스크(예: 컴벌랜드, B2C2 등)와의 거래는 시원시원하다. 내가 "비트코인 100억 매도"를 외치면, 그들은 즉시 자기 회사의 대차대조표(Balance Sheet)에 있는 현금을 꺼내 내 비트코인을 사준다.

- **장점** : 속도가 빠르다. 가격이 즉시 확정된다. 거래 상대방을 기다릴 필요가 없다.
- **단점(치명적)** : 그들이 내 비트코인을 사서 재고(Inventory)로 떠안는 순간부터, 그들은 시장 리스크에 노출된다.

평소에는 문제가 없다. 하지만 2022년 테라-루나 사태나 FTX 파산 같은 '블랙 스완'이 터지면 이야기가 달라진다. 당시 수많은 프린시펄 데스크들이 파산했다. 그들이 보유한 알트코인 재고 가치가 '0'이 되면서 회사 자본금이 증발했기 때문이다. 만약 내가 그 타이밍에 그들에게 비트코인을 보냈다면? 나는 돈을 받지 못한 채 파산 관재인에게 줄을 서야 했을 것이다. 이것이 바로 카운터파티 리스크(Counterparty Risk)의 실체다.

2. 안전한 연결자: 에이전시^(Agency) 모델

"매수자 찾았습니다. 연결해 드릴까요?"

반면 에이전시 데스크(예: 팔콘X 등)는 자기 돈을 쓰지 않는다. 그들은 부동산 중개인처럼 매수자와 매도자를 매칭해주고 수수료(Commission)만 챙긴다.

- **장점** : 안전하다. 데스크가 망해도 내 거래는 상대방과 직접 이루어지므로 영향이 적다. 이해 상충(Conflict of Interest)이 없다.
- **단점** : 느리다. 급락장에서 "지금 당장 팔아줘!"라고 외쳐도, "매수자가 없습니다"라고 하면 끝이다. 딜이 성사되지 않는 실행 리스크(Execution Risk)가 존재한다.

3. 맨데이트의 선택: 폭풍우 속의 항해술

나는 고객들에게 늘 이렇게 조언한다. "맑은 날에는 프린시펄을 쓰고, 흐린 날에는 에이전시를 쓰십시오."

시장이 안정적일 때는 프린시펄 데스크의 속도와 확정 가격이 유리하다. 하지만 시장 변동성이 극심할 때(폭락장), 프린시펄 데스크는 언제 터질지 모르는 시한폭탄이 된다. 이때는 수수료를 좀 더 주더라도 에이전시 모델을 통해 리스크를 분산해야 한다.

100억 원을 쥔 당신은 지금 누구의 손을 잡고 있는가? 자기 돈을 거는 도박사인가, 아니면 안전한 중개인인가? 이 질문에 답하지 못한다면, 당신은 이미 위험에 처해 있는 것이다.

왜 알라메다(Alameda)는 무너졌나? 2022년 가상자산 시장을 붕괴시킨 FTX 사태의 중심에는 자매 회사인 '알라메다 리서치'가 있었다. 알라메다는 전형적인 프린시펄 모델의 OTC 데스크이자 마켓 메이커였다. 그들은 고객들의 주문을 받아주기 위해 막대한 양의 FTT(FTX 거래소 토큰)와 솔라나(SOL) 등을 '재고'로 보유하고 있었다. 상승장에서는 이 재고 평가익으로 천문학적인 돈을 벌었지만, 하락장이 오자 이 재고들은 악성 채무가 되어 돌아왔다. 교훈: 프린시펄 모델은 '양날의 검'이다. 맨데이트는 거래 상대방의 재무 건전성(Solvency)을 끊임없이 의심하고 검증해야 한다. "우리는 안전하다"는 말 대신, "최근 감사 보고서를 보여달라"고 요구하는 것. 그것이 내 고객의 돈을 지키는 유일한 길이다.

맨데이트(Mandate)
: 거인들의 대리인

많은 사람이 오해한다. OTC 시장의 중개인을 단순히 '수수료 따먹는 브로커'라고 생각한다. 한국의 강남 테헤란로 카페에 가면, 옆 테이블에서 심심치 않게 이런 말들이 들려온다.

"내가 아는 형님이 1,000억 원어치 비트코인을 찾는데…" "러시아에서 5,000억 원어치 물량이 나왔다는데…"

우리는 이들을 조커 브로커(Joker Broker)라 부른다. 실체는 없고 말만 무성한, 소음(Noise) 같은 존재들이다. 이들은 다단계처럼 얽혀 있어, 막상 딜을 까보면 중간에 수십 명이 끼어 있는 경우가 허다하다.

하지만 싱가포르 마리나 베이 샌즈의 회의실에 앉아 있는 맨데이트(Mandate)는 차원이 다른 존재다. 이들은 바이어(Buyer)나 셀러(Seller)로부터 "이 딜에 관한 모든 협상 권한과 서명 권한을 위임한

다"는 법적 위임장(POA, Power of Attorney)을 받은 공식 대리인을 뜻
한다

1. 불신의 교착 상태 : 멕시칸 스탠드오프(Mexican Standoff)

왜 거인들은 수수료를 쥐가며 맨데이트를 고용할까? 직접 만나
서 거래하면 되지 않을까? 천만의 말씀이다. OTC 시장은 근본적
으로 신뢰의 진공 상태다.

상상해 보자. 왼쪽에는 현금 1,000억 원을 가진 바이어가 있고,
오른쪽에는 비트코인 1,000개를 가진 셀러가 있다. 둘이 직접 만
났다고 치자.

바이어 : "코인 먼저 보내세요. 확인되면 돈 쏘겠습니다."
셀러 : "무슨 소리. 돈 먼저 입금하세요. 확인되면 코인 쏘겠습
니다."

누구도 먼저 움직이지 않는다. 먼저 움직이는 순간 상대방이 먹
튀(Scam)를 하면 끝장이라는 것을 알기 때문이다. 서로 총을 겨누
고 아무도 방아쇠를 당기지 못하는 영화 속 장면, 즉 멕시칸 스탠
드오프(Mexican Standoff) 상황이 벌어진다.

이 교착 상태(Deadlock)를 풀 수 있는 유일한 열쇠가 바로 맨데이
트다.

2. 딜의 설계자(Architect) : 방패를 들고 지휘하다

맨데이트가 개입하면 딜의 구조(Structure)가 바뀐다. 나는 양측에게 "서로를 믿으라"고 강요하지 않는다. 대신 "나와 내 시스템을 믿으라"고 제안한다.

나는 변호사가 아니다. 법률 검토는 비싼 수임료를 주고 고용한 대형 로펌에 맡긴다. 나의 역할은 그 법률 전문가들과 금융 시스템을 배치하여 딜을 성사시키는 설계자(Architect)다.

> "변호사님, 양측이 동의할 수 있는 에스크로(Escrow) 계좌를 열어주십시오."
>
> "셀러님, 자금 예치가 확인되면 코인을 보내십시오. 바이어님, 자금을 에스크로 계좌에 예치하십시오. 돈은 묶이지만 안전합니다. 셀러님이 코인을 보내고 블록체인에서 확인되면, 그때 에스크로 에이전트가 자금 방출을 승인합니다."

수백억 원이 오가는 테이블에서 변호사가 법적인 '방패'라면, 맨데이트인 나는 그 방패를 적재적소에 배치하고 양쪽의 악수를 끌어내는 지휘관이다.

3. 신뢰의 프로토콜

강남의 브로커는 "형님, 믿으시죠?"라며 감정에 호소한다. 하지만 싱가포르의 맨데이트는 "믿지 마십시오. 검증하십시오(Don't trust, Verify)"라고 말하며 완벽한 서류와 시스템을 내민다.

이것이 내가 싱가포르에서 팔았던 진짜 상품이다. 나는 코인을 판 게 아니다. 서로를 죽일 수도 있는 두 욕망 덩어리가 안전하게 교환될 수 있도록 하는 신뢰의 프로토콜(Protocol of Trust). 그것이 맨데이트의 존재 이유다.

[Deep Dive]

게임 이론으로 본 맨데이트: 내쉬 균형의 파괴 경제학의 게임 이론(Game Theory), 그중에서도 '죄수의 딜레마'는 OTC 시장을 완벽하게 설명한다. 익명의 거래 시장에서 두 참여자가 서로 협력(정상 거래)하면 최적의 결과를 얻지만, 상대방을 배신했을 때 얻는 이익이 너무 크다면? 합리적인 참여자는 배신을 선택하거나, 아예 거래를 포기하는 '내쉬 균형(Nash Equilibrium)'에 도달한다. 즉, 시장은 멈춰버린다(Market Failure). 맨데이트와 에스크로 제도는 이 게임의 규칙을 바꾼다. 배신했을 때 얻는 이익을 '0'으로 만들고(에스크로 락업), 배신의 비용(법적 처벌 및 평판 파괴)을 무한대로 높임으로써, '협력'만이 유일한 합리적 선택지가 되도록 강제하는 것이다. 따라서 맨데이트는 단순한 중개인이 아니라, 시장 실패를 교정하는 경제적 조정자(Market Coordinator)다.

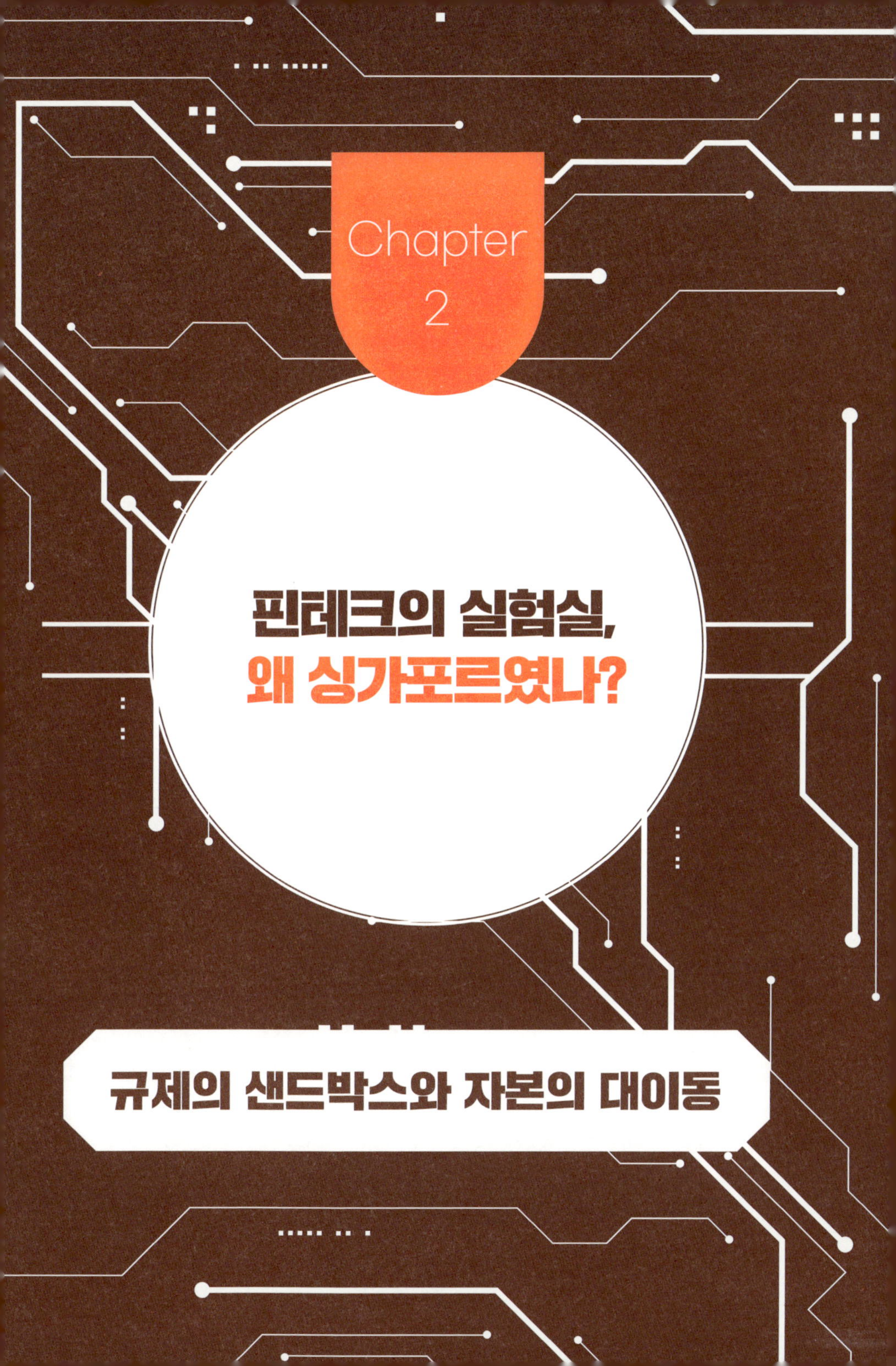
Chapter
2

핀테크의 실험실,
왜 싱가포르였나?

규제의 샌드박스와 자본의 대이동

엑소더스(Exodus)
: 강남의 불 꺼진 사무실

1. 붉은 경고장: "대표님, 구속될 수도 있습니다"

201X년의 서울 강남 테헤란로. 공유 오피스의 구석진 회의실 창문에는 짙은 블라인드가 내려져 있었다. 테이블 위에는 식어버린 커피와 컵라면 용기, 그리고 붉은색 밑줄이 그어진 법률 검토 보고서가 어지럽게 널려 있었다.

새벽 2시. 자문 변호사가 회의실 문을 열고 들어왔을 때, 그의 표정은 이미 모든 것을 말해주고 있었다. 그는 자리에 앉자마자 깊은 한숨을 내쉬며 보고서를 내밀었다.

"대표님, 솔직하게 말씀드리겠습니다. 이대로 사업을 강행하면 구속될 수도 있습니다."

귀를 의심했다. 구속이라니. 우리는 사기를 친 적도, 고객의 돈을 횡령한 적도 없었다. 우리는 그저 블록체인 기술을 활용해 새로운 금융 플랫폼을 만들고 있었을 뿐이다.

"저희가 무슨 죄를 지었습니까? 아직 법도 없잖아요."

변호사는 안경을 고쳐 쓰며 냉정하게 답했다. "바로 그게 문제입니다. 법이 없으니까요. 지금 검찰과 금융 당국은 ICO(가상자산 공개)를 유사수신 행위나 도박장 개장으로 걸고넘어지고 있습니다. 코에 걸면 코걸이, 귀에 걸면 귀걸이 식입니다. 지금 한국에 남아 있는 건 혁신가가 아니라, 예비 범죄자가 되는 길뿐입니다."

그 순간, 나는 등골이 서늘해지는 것을 느꼈다. 규제가 무서운 게 아니었다. 예측 불가능성(Unpredictability)이 무서운 것이다. 내가 땀 흘려 만든 기술이 내일 아침 뉴스에서 신종 사기 수법으로 보도될 수 있다는 공포. 그날 밤, 나는 사무실의 불을 끄며 결심했다. 살아서 증명하기 위해, 룰이 있는 곳으로 가야 한다고.

2. 인천공항의 유령들: 백팩을 멘 사람들

며칠 뒤, 인천국제공항 제2여객터미널 출국장. 그날의 공항 풍경은 기묘했다. 여행을 떠나는 들뜬 분위기는 찾아볼 수 없었다. 내 눈에는 나와 비슷한 처지의 사람들이 너무나 명확하게 들어왔다.

그들은 말끔한 정장 차림의 출장객이 아니었다. 후드티에 청바지, 그리고 묵직한 백팩을 멘 30~40대 남성들. 누가 봐도 여의도나 테헤란로에서 밤새 코딩을 하거나 차트를 보던 업계 사람들이었다.

우리는 서로 눈이 마주쳤지만, 아무도 인사를 나누지 않았다. 아니, 애써 외면했다. 그들의 표정은 무거웠다. 마치 전쟁터로 떠나는 용병, 아니면 고국에서 쫓겨나는 난민의 얼굴이었다. 그들의 백팩 속에는 여행용품 대신, 회사의 운명이 담긴 하드월렛(Cold Wallet)과 영문으로 번역된 사업계획서(Whitepaper)가 들어있을 것이다.

그것은 단순한 출장이 아니었다. 대한민국 블록체인 1세대들의 집단적 엑소더스(Exodus, 대탈출)였다. 우리는 조국이 허락하지 않은 혁신을 하기 위해, 타국의 비자를 받으러 떠나고 있었다.

3. 창이 공항의 습기: 기회의 냄새

6시간의 비행 끝에 도착한 싱가포르 창이 공항(Changi Airport). 자동문을 나서자마자 훅 끼쳐오는 덥고 눅눅한 공기. 한국의 건조하고 차가운 겨울 바람과는 정반대의 촉감이었다.

공항 로비의 카펫 냄새와 섞인 특유의 습기, 그리고 곳곳에서 들려오는 중국어와 영어의 억양들. 택시를 타고 시내로 들어가는 길, 창밖으로 보이는 야자수와 마리나 베이 샌즈의 스카이라인은 비현실적으로 화려했다.

서울의 사무실이 잿빛 회색이었다면, 이곳 싱가포르는 눈이 시릴 정도로 선명한 초록색과 금색이었다. 이 낯선 도시의 공기에서 나는 돈 냄새를, 아니 기회의 냄새를 맡았다.

이곳에는 "하지 말라"는 말 대신, "어떻게 할 것인가"를 묻는 사람들이 있었다. 한국에서 범죄자 취급을 받던 우리는, 이곳에 도착하자마자 혁신적인 핀테크 기업가로 대접받기 시작했다. 몸은 고단했지만, 정신은 비로소 자유를 얻은 느낌. 그것이 싱가포르 OTC 시장에 첫발을 디딘 맨데이트의 첫 기억이었다.

[Deep Dive]

규제의 진공 상태가 만든 공포 2017~2018년 당시 한국에는 가상자산과 관련된 명확한 법률이 존재하지 않았다. 이것이 비극의 시작이었다. 당국은 투자금을 모집하는 행위 자체를 '인가받지 않은 수신 행위'로 간주해 처벌하려 했다. 하지만 블록체인 프로젝트는 원금을 보장하지 않으므로 법리적으로 다툼의 여지가 컸다. 또한 사업이 실패하면 경영 판단의 실수가 아니라, 처음부터 기망 의사가 있었던 '사기'로 몰아갔다. 기업가에게 가장 큰 리스크는 사업 실패가 아니라 사법 리스크였다. 이 시기 유출된 인재와 자본, 그리고 기술적 노하우의 가치는 수조 원에 달할 것으로 추산된다.

1. 2019년의 청구서: 그때는 비싸다고 생각했다

싱가포르 금융의 심장부, 래플스 플레이스(Raffles Place) 50층. 마호가니 원목으로 마감된 대형 로펌의 회의실 창밖으로는 싱가포르 해협과 마리나 베이 샌즈가 발아래로 펼쳐져 있었다. 그것은 성공한 자본가들만이 누릴 수 있는 압도적인 뷰(View)였다. 하지만 그 풍경보다 나를 더 놀라게 한 것은 테이블 위에 놓인 청구서(Invoice)였다.

[Legal Advisory Fee: SGD 70,000] (한화 약 7,000만 원)

이것은 라이선스를 따기 위한 총액이 아니었다. 고작 변호사의 착수금(Deposit)일 뿐이었다. 영국 옥스퍼드 출신 파트너 변호사의 자문료(Billable Hour)는 시간당 1,000달러를 상회했다. 그와 커피를 마시며 날씨 이야기를 하는 10분 동안에도 내 지갑에서는 15만 원씩 빠져나가고 있다는 뜻이다.

"변호사님, 솔직히 수임료가 너무 비합리적(Unreasonable)인 것 아닙니까? 한국에서는..."

나의 불평에 그는 찻잔을 내려놓으며 차분하게 말했다.

"미스터 양, 당신은 지금 종이 서류를 사는 게 아닙니다. 싱가포르 정부가 보증하는 '법적 안전(Legal Certainty)'을 사는 겁니다."

순간 머리를 한 대 맞은 듯했다. 그의 말이 맞았다. 한국에서는 싸게 방패를 살 수 있었지만, "내일 압수수색이 들어올지 모른다"는 불안감을 안고 살아야 했다. 반면 이곳에서는 막대한 입장료를 내는 대신, 로펌이 설계해 준 구조대로만 사업을 하면(Legal Opinion), 정부는 절대 기업을 건드리지 않는다. 그것은 단순한 비용(Cost)이 아니라, 리스크를 헷지(Hedge)하기 위한 보험료였다.

나는 떨리는 손으로 계약서에 서명했다. 하지만 그때는 몰랐다. 그 비싼 수업료가 싱가포르 진입의 '가장 싼 티켓'이었다는 사실을.

2. 2025년의 청구서: 변호사비는 팁에 불과하다

만약 당신이 이 책을 읽고 있는 2025년 현재, 똑같은 사무실을 찾아가 "맨데이트 라이선스를 따고 싶다"고 묻는다면 어떤 답을 듣게 될까? 변호사는 7만 달러짜리 견적서 대신, 총액 50만 싱가포르 달러(약 5억 원)가 찍힌 살벌한 엑셀 시트를 내밀 것이다.

[Estimated Initial Cost (2025 FSMA Regime)**]**

- 기본 자본금(Base Capital): 25만 달러. (은행에 예치되어 잠기는 돈)
- MAS 예치 보증금: 최소 10만 달러.
- 법률 및 회계 감사비: 15만 달러 이상.

내가 진입하던 시절이 '낭만의 시대'였다면, 지금은 '생존의 시대'다. 변호사는 내게 이렇게 말할 것이다. "미스터 양, 초기 세팅비 5억 원은 시작일 뿐입니다. 진짜 문제는 '유지비(Maintenance Cost)'입니다. 싱가포르 정부는 당신에게 묻습니다. 매년 150만 싱가포르 달러(약 15억 원)를 태울 체력이 있습니까?"

3. 인재의 가격: 서울대와 고대 의대의 차이

도대체 왜 매년 15억 원이라는 천문학적인 돈이 들어갈까? 사무실 월세? 서버 비용? 아니다. 가장 큰 비중을 차지하는 것은 바로 '사람 값(Human Capital)'이다.

한국에서는 "열정 있는 직원"을 적당한 연봉에 채용할 수 있다. 하지만 싱가포르는 철저한 '학력 계급주의' 사회다. 정부가 들고 있는 '대학교 리스트(List of Top-Tier Institutions)'에 따라 비자의 등급과 연봉의 하한선이 결정된다.

예를 들어, 당신이 회사의 핵심 인력인 컴플라이언스 오피서(Compliance Officer)로 하버드나 서울대, 연세대 출신을 채용하고 싶다고 가정해 보자. 비자를 받기 위해 당신은 그에게 반드시 연봉 20만 싱가포르 달러(약 2억 원) 이상을 줘야 한다(학교마다상이). "스타트업이라 돈이 없어서 저렴하게 쓰고 싶다?" 불가능하다. 싱가포르 노동부(MOM)는 "그 정도 엘리트에게 그 돈도 안 줄 거면 채용하지 마라"며 가차 없이 비자 연장을 거부한다.

이 리스트가 얼마나 냉혹한지 보여주는 유명한 일화가 있다. 한때 싱가포르는 한국의 'SKY(서울대, 연대, 고대)' 의대 졸업생들에게 싱가포르 의사 면허 1차 시험을 면제해 주는 파격적인 혜택을 줬었다. 하지만 어느 날, 리스트에서 고려대 의대가 삭제되는 사건이 발생했다. 이유는 단순했다. 싱가포르 정부의 내부 기준에 미치지 못한다는 '불신(Distrust)' 때문이었다. 그들은 냉정했다. 한번 신뢰를 잃으면 가차 없이 혜택을 박탈한다.

결국 제대로 된 라이선스 법인을 유지하려면, 정부가 요구하는 스펙을 갖춘 현지 엘리트 인건비, A급 오피스 임대료, 외부 감사 비용 등으로만 매년 최소 150만 싱가포르 달러(약 15억 원)가 현금으로 빠져나간다. 이것이 2025년의 '진짜 입장료'다.

4. MAS 면담: 심문인가, 컨설팅인가

돈을 냈고, 사람을 구했다면 끝일까? 아니다. 마지막이자 가장 높은 관문이 남았다. 바로 싱가포르 통화청(MAS)이라는 거인과의 독대다.

싱가포르가 규제의 천국이라고? 천만의 말씀이다. 그들은 무법지대를 제공하는 게 아니라, 안전장치가 달린 실험실을 제공한다. 그리고 그곳에 들어가는 면접은 혹독하다. 내가 MAS 담당 관료(Officer)를 만났던 날, 그는 30대 초반의 젊은 엘리트였지만 눈빛은 노련한 수사관 같았다. 그는 내 사업계획서를 한 줄 한 줄 난도질하기 시작했다.

"미스터 양, 당신의 토큰 이코노믹스를 설명해 보세요. 이것이 증권(Security)입니까, 유틸리티입니까?" "자금세탁방지(AML) 시스템은 어떤 글로벌 벤더사를 쓰고 있습니까? 한국 솔루션은 인정하지 않습니다." "만약 해킹 사고가 나서 투자자에게 손실을 입히면, 당신의 개인 자산으로 보상할 의향이 있습니까?"

그는 3시간 동안 나를 압박했다. 하지만 한국 공무원들과는 결정적인 차이가 있었다. 한국 공무원들은 "그거 코인 아니에요? 위험하니까 안 됩니다"라고 존재 자체를 부정했다면, MAS 관료는 관리 방법(Risk Management)을 묻고 있었다. "안 된다(No)"가 아니라

“어떻게 통제할 것인가(How)?”

내가 땀을 흘리며 로펌과 준비한 방어 논리를 펼치자, 마지막에 그는 안경을 고쳐 쓰며 말했다. “좋습니다. 당신의 비즈니스 모델은 리스크가 있지만, 통제 가능(Manageable)해 보이는군요. 허가합니다. 단, 사고 치면 당신은 감옥에 갑니다. 싱가포르 법은 자비가 없습니다.”

그것은 허가라기보다 도전장이었다. 돈(자본금)과 사람(인재), 그리고 실력(검증). 이 세 가지를 모두 증명한 자만이 요새의 문을 통과할 수 있다.

5. 페이퍼 컴퍼니의 종말: PSA의 구멍과 FSMA의 공습

“그냥 이름만 걸어놓고(Paper Company) 운영하면 안 됩니까? 비용을 아끼고 싶습니다.”

2024년까지는 그런 꼼수가 통했다. 바로 기존 법안인 'PSA(지급 서비스법)'의 맹점 때문이었다.

PSA는 기본적으로 '싱가포르 내에서의 결제'를 규제하는 법이었다. 즉, 한국 팀이 싱가포르에 법인을 세우더라도, 싱가포르 달러(SGD)를 취급하지 않고 해외 고객끼리의 코인 거래만 중개한다면, PSA의 규제 대상에서 빠져나갈 수 있었다. 이것이 소위 '규제 차익(Regulatory Arbitrage)'이었다.

하지만 2025년 6월 30일, 싱가포르 통화청(MAS)은 이 뒷문을 닫아버리기 위해 금융서비스시장법(FSMA) Part 9을 전면 시행했다.

FSMA의 논리는 무서울 정도로 간명하다. "고객이 어디에 있는지는 중요하지 않다. 당신의 책상이 싱가포르에 있다면, 당신은 규제 대상이다."

이 법은 '디지털 토큰 서비스 제공자(DTSP)'라는 새로운 개념을 도입하여, 싱가포르 영토 내에서 사업을 영위하는 모든 크립토 기업을 포괄했다. 심지어 해외 고객만 상대하는 기업에는 자금세탁 위험이 높다는 이유로 "라이선스를 내주지 않겠다"는 방침까지 세웠다.

결국 준비되지 않은 '무임승차자'들은 하루아침에 영업 중단 명령을 받고 짐을 쌌다. 매년 15억 원을 태울 수 있는 '진짜 선수'들만이 이 요새에 남게 된 것이다.

6. 금융세 0원의 마법

그렇다면 우리는 왜 매년 15억 원을 태우고, 혹독한 면접을 견디며 이곳에 남아 있는가? 이유는 단 하나다. 세금(Tax)이다.

싱가포르에는 '금융세(Capital Gains Tax)'가 없다. 내가 비트코인으로 1,000억 원을 벌든, 주식으로 1조 원을 벌든, 금융 투자 소득에 대한 세금은 '0원'이다. (물론 소비세/GST는 있다.) 한국에서 1,000억 원을 벌면 세금으로 절반이 날아가지만, 여기서는 매년 15억 원의 회비만 내면 나머지 985억 원은 온전히 내 것이 된다.

이것이 글로벌 자본이 싱가포르로 몰려드는 진짜 이유다. "매년 15억 원의 회비를 내고, 세금 없는 VIP 라운지에서 놀 것인가? 아니면 밖에서 세금 폭탄을 맞을 것인가?" 이 냉철한 계산을 끝낸 자들만이 싱가포르라는 요새의 주인이 된다.

[Deep Dive 1] 샌드박스^(Sandbox) vs 라이선스^(License): 용어의 재정립

많은 사람이 싱가포르를 '핀테크 샌드박스'라 부르며 자유로운 놀이터를 상상한다. 하지만 우리 같은 전문 맨데이트들에게 그곳은 모래밭이 아니라, 철옹성 같은 '라이선스 요새'였다.

1. 샌드박스 (Regulatory Sandbox)

- **정의** : 세상에 없던 신기술을 '실험'하기 위한 한시적 테스트 베드.
- **특징**: 신청 비용은 무료지만, 실험이 끝나면 나가야 한다. 비트코인 OTC처럼 검증된 사업은 대상이 아니다.

2. 정식 라이선스 (Licensing Regime)

- **정의** : 검증된 비즈니스를 '영업'하기 위한 정식 면허. (PSA의 MPI, FSMA의 DTSP 등)
- **특징** : 막대한 초기 비용과 유지비가 든다. 대신 취득하는 순간 전 세계 어디서든 통용되는 '신뢰(Trust)'를 얻는다. 우리가 들어가는 곳은 바로 여기다.

[Deep Dive 2] 규제의 진화: PSA에서 FSMA로
(싱가포르는 어떻게 빈틈을 메웠는가)

독자들은 묻는다. "이미 법(PSA)이 있는데 왜 또 법(FSMA)을 만들었는가?" 이것은 싱가포르가 '글로벌 자금세탁방지기구(FATF)'의 기준을 맞추기 위해 촘촘한 그물망을 짠 결과다.

1. 과거: PSA (Payment Services Act, 2019)
- **초점** : '싱가포르 금융 시스템의 안정'.
- **한계** : 싱가포르 달러를 쓰지 않거나, 싱가포르 거주자를 대상으로 하지 않는 '역외 거래'는 규제 사각지대였다. 많은 해외 기업이 이 틈새를 이용해 싱가포르에 '무늬만 본사'를 세웠다.

2. 현재: FSMA (Financial Services and Markets Act, 2025)

- **초점** : '글로벌 자금세탁방지(AML) 및 테러자금조달 차단'.

- **변화** : DTSP(Digital Token Service Provider)라는 개념을 도입. "싱가포르에 법인을 두거나 영업소를 둔 자는, 전 세계 누구를 상대로 영업하든 무조건 라이선스를 취득해야 한다."

- **결과** : '규제 차익'을 노리던 페이퍼 컴퍼니의 전멸. 이제 싱가포르는 빈틈없는 '요새'가 되었다.

[Deep Dive 3] 규제의 철학: '안 된다' vs '관리한다'
(왜 한국은 멈췄고, 싱가포르는 달렸는가)

한국의 혁신가들이 15억 원이라는 거금을 내고서라도 싱가포르로 머무는 이유는 단순히 '자유' 때문만이 아니다. 바로 '예측 가능성(Predictability)' 때문이다.

1. 한국: 포지티브 규제 (Positive Regulation)

- **원칙** : "법전에 허용된다고 적혀 있는 것 빼고는 다 불법이다." (열거주의)

- **현실** : 법에 규정이 없으면 일단 금지된다. 혁신가는 국회만 바라보다 늙어 죽는다. 언제 잡혀갈지 모르는 '예측 불가능한 공포'가 지배한다.

2. 싱가포르: 네거티브 규제 & 리스크 기반 접근 (Risk-Based Approach)

- **원칙** : "법으로 금지한 것 빼고는 다 해도 된다." (포괄주의)
- **현실** : 일단 시장에서 뛰놀게 놔둔다. 대신 시장이 커지면 '리스크 기반 접근'을 통해 정교한 울타리를 친다. "해도 된다. 단, 사고가 나면 감당할 수 있는 자본과 시스템을 갖춰라."
- **안전** : 비싼 돈을 내야 하지만, 룰을 지키면 국가는 나를 확실하게 보호한다. '예측 가능한 안전'이 보장된다.

[결론]

불확실한 공짜보다, 비싸더라도 확실한 안전. 이것이 스마트 머니(Smart Money)가 싱가포르를 선택한 진짜 이유다.

1. 마리나 베이의 요트 파티: 승리자들의 밤

싱가포르의 밤은 낮보다 화려하다. 혹독한 규제 샌드박스 심사와 비싼 로펌 비용을 치르고 난 뒤, 비로소 합법적인 딜(Deal)을 성사시킨 날. 나는 마리나 베이의 선착장(Marina at Keppel Bay)으로 향했다.

1,000억 원 규모의 블록딜 클로징(Closing)을 축하하는 프라이빗 요트 파티. 적도의 습한 바닷바람이 얼굴을 스치지만, 손에 든 크리스털 잔 속의 샴페인은 차갑다. 저 멀리 마리나 베이 샌즈 호텔의 레이저 쇼가 밤하늘을 가르고, 요트 위에는 다국적의 사람들이 모여 있다.

내 오른쪽에는 런던 금융가 '더 시티' 출신의 변호사가, 왼쪽에는 월스트리트 골드만삭스를 박차고 나온 크립토 펀드 매니저가

서 있다. 이 이질적인 조합을 하나로 묶어주는 것은 단 하나. 전통 금융에서는 상상할 수 없는 알파(Alpha, 초과 수익)의 냄새다.

전직 뱅커였던 매니저가 나에게 속삭였다. "미스터 양, 월가에서는 이 정도 보너스를 받으려면 10년 동안 영혼을 갈아 넣어야 합니다. 하지만 여기서는 서명 한 번이면 됩니다. 이게 바로 우리가 싱가포르의 습기를 견디는 이유죠."

2. 1000억 딜의 수학: 5%의 마법

도대체 얼마나 벌기에 전 세계의 천재들이 이 좁은 도시국가로 몰려드는가? OTC 시장의 보상 체계는 자본주의적 욕망의 결정체다. 한국의 부동산 중개 수수료나 주식 거래 수수료를 생각하면 오산이다. OTC 딜은 리스크가 큰 만큼 보상도 파격적이다. 우리가 주도권을 쥔 딜에서, 맨데이트 팀(Mandate Side)이 확보하는 성공 보수(Success Fee)는 통상 거래액의 4%에서 많게는 5%에 육박한다.

단순하게 계산해 보자.

- **거래 규모** : 비트코인 1,000억 원 (블록딜)
- **성공 보수** : 5% (Total Pool)
- **수익** : 50억 원

이 돈이 거래가 성사되는 즉시(T+0), 현금이나 비트코인으로 우리 지갑에 꽂힌다. 연봉이 아니다. 건당 수익이다. 1년에 이런 딜을 서너 개만 성사시켜도 수백억 원이다. 이 압도적인 경제적 유인이 시장을 움직인다. 위험을 무릅쓰고 한국을 떠나온 것, 비싼 변호사 비용을 낸 것, 매일 호텔을 옮겨 다니며 보안에 목숨 건 것. 그 모든 비용은 이 한 번의 잭팟으로 보상받고도 남는다.

3. 그들만의 리그: 욕망의 카르텔

물론 이 50억 원을 나 혼자 다 갖는 건 아니다. OTC 시장은 철저한 분업화로 돌아간다. 혼자 독식하려다가는 탈이 난다. 맨데이트인 나는 이 거대한 파이를 쥐고, 팀원들에게 적절히 분배하는 역할을 한다.

그래서 카르텔(Cartel)이 형성된다.

1. **더 헌터(The Hunter)** : 물량을 찾아오는 브로커. 전 세계를 누비며 "누가 1,000억을 팔려고 한다더라"는 정보를 물어온다. 그들에게 1%를 떼어준다.
2. **더 쉴드(The Shield)** : 딜의 법적 구조를 짜주는 국제 변호사와 에이전트. 완벽한 계약서와 에스크로를 설계한 대가로 1%를 가져간다.
3. **더 맨데이트(The Mandate)** : 이 모든 것을 조율하고 최종 사인을 하는 지휘관인 내가 나머지 핵심 지분을 가져간다.

우리는 서로가 서로의 전문성을 담보해 주고, 서로의 리스크를 헷지해 준다. 그렇기에 이 카르텔 안에 들어오지 못한 아웃사이더는 절대 큰 딜을 성사시킬 수 없다. 싱가포르는 단순한 핀테크 실험실이 아니었다. 전 세계에서 가장 똑똑하고, 가장 탐욕스럽지만, 동시에 가장 합리적인 금융 포식자들이 모여든 거대한 사냥터였다. 나는 그날 밤 요트 위에서, 이 사냥터의 정식 일원이 되었음을 자축했다.

[Deep Dive] 바이 사이드(Buy-side) vs 셀 사이드(Sell-side) OTC

시장의 멘데이트는 누구 편일까? 딜의 성격에 따라 나뉜다.

- **바이 사이드 맨데이트** : 현금을 쥔 바이어를 대리한다. 그들의 목표는 "최대한 싸게 사고, 깨끗한 코인을 받는 것"이다.
- **셀 사이드 맨데이트** : 코인을 쥔 셀러를 대리한다. 그들의 목표는 "시장 충격 없이 한 번에 팔고, 자금 출처가 확실한 현금을 받는 것"이다. 재미있는 것은, 맨데이트의 수수료는 보통 '아쉬운 쪽'이 낸다는 점이다. 상승장(Bull Market)에서는 코인이 귀하므로 바이어가 수수료를 낸다. 반면 하락장(Bear Market)에서는 현금이 귀하므로 셀러가 수수료를 낸다. 유능한 맨데이트는 시장의 바람 방향을 읽고, 어느 배에 올라탈지 본능적으로 결정한다.

은행의 심문
: DBS 계좌 개설기

1. VIP 라운지가 아닌 '심문실'

마리나 베이 파이낸셜 센터(MBFC) 타워 3에 위치한 DBS(The Development Bank of Singapore) 본점. 보통 수백억 원을 예치하러 온 고객이라면 화려한 샹들리에가 있는 VIP 라운지에서 지점장의 영접을 받을 것이다. 하지만 '크립토 맨데이트'인 나에게 배정된 곳은 창문 하나 없는 차가운 공기의 컴플라이언스 룸(Compliance Room)이었다.

맞은편에는 깐깐한 인상의 준법감시인(Compliance Officer) 두 명이 앉아 있었다. 그들의 책상 위에는 내가 제출한 두꺼운 바인더가 놓여 있었지만, 그들의 표정은 마치 범죄 용의자를 심문하는 형사 같았다.

"미스터 양, 계좌 개설 신청서에 예치 예정 금액을 1,000만 달러

(약 130억 원)로 적으셨군요.” “네, 맞습니다.”

“이 자금의 원천이 뭡니까?” “고객사를 대리하여 수령한 비트코인 매각 대금 및 컨설팅 수수료입니다.

“그 단어가 나오는 순간, 방 안의 온도가 1도쯤 내려간 것 같았다. 그들은 안경 너머로 나를 쏘아보며 속사포처럼 질문을 쏟아냈다.

“그 비트코인은 언제, 어디서, 누구에게 샀습니까? 거래 상대방의 여권 사본은 있습니까? 자금이 북한이나 러시아, 혹은 다크웹을 거치지 않았다는 것을 무엇으로 증명합니까?”

한국의 은행들이었다면 “저희는 가상자산 취급 안 합니다”라고 문전박대했을 것이다. 하지만 싱가포르는 달랐다. 그들은 문을 닫지 않았다. 대신 바늘구멍을 내밀었다. 통과할 수 있으면 해보라는 태도였다.

2. 변호사라는 방패: 법률 의견서(Legal Opinion)

나는 당황하지 않고 준비해 온 두 번째 가방을 열었다. 그 안에는 우리 로펌이 작성한 법률 의견서와 온체인 데이터 분석 리포트가 들어 있었다.

“여기 거래 상대방의 KYC 자료와 자금 흐름도(Flow of Funds)

가장 중요한 것은 로펌의 도장이 찍힌 의견서였다. "본 자금은 싱가포르 법령을 준수하는 적법한 OTC 거래를 통해 조성되었음을 보증함."

담당자들은 서류를 한 장 한 장 현미경 보듯 검토했다. 30분간의 침묵. 타자기 두드리는 소리만 들리는 그 시간이 3년처럼 느껴졌다. 마침내 담당자가 서류를 덮으며 미소를 지었다.

"완벽하군요(Perfect), 미스터 양. DBS는 당신의 자산을 환영합니다."

그제야 긴장이 풀리며 등줄기에 식은땀이 흘렀다. 이것은 단순한 통장 개설이 아니었다. 한국에서는 검은 돈 취급을 받던 가상자산 수익이, 이곳에서는 철저한 검증을 거쳐 '정당한 사업 소득(White Money)'으로 승인되는 순간이었다.

3. 제도권 진입의 의미: "코인은 자산이다"

계좌가 열리자 DBS는 놀라운 제안을 했다. 그들은 이미 15만 개가 넘는 이더리움과 7천 개 이상의 비트코인을 보유한 '고래 은행'이었다.

"저희 DDEx를 이용해 보시겠습니까? 단순 보관뿐만 아니라, 원하신다면 '가상자산 옵션 거래'를 통해 헷징 전략까지 짜드릴 수 있습니다."

한국 은행들이 계좌 개설조차 주저할 때, 싱가포르 은행은 코인으로 파생상품을 만들어 팔고 있는 것이다."충격이었다. 은행이 직접 코인 거래소를 운영하고 수탁을 해준다니. 한국 은행들은 규제가 무서워 계좌조차 닫아버릴 때, 싱가포르 은행들은 이 거대한 자금을 제도권 안으로 흡수하여 수수료 수익을 올리고 있었다.

"자산의 형태가 디지털일 뿐, 금융의 본질은 같습니다."

그들에게 비트코인은 척결해야 할 도박이 아니라, 관리하고 운용해야 할 새로운 '자산 클래스(Asset Class)'였다. 나는 그날 DBS 본점을 나서며 생각했다. 한국이 '도덕성'을 따지며 주춤거리는 사이, 싱가포르는 '실용성'을 무기로 전 세계의 디지털 부를 빨아들이고 있구나.

[Deep Dive] 부자의 증명: 자금 원천(SOF) vs 부의 원천(SOW)

고액 자산가(HNWI)가 되어 프라이빗 뱅킹의 문을 두드리면, 은행은 두 가지를 묻는다. 이 둘을 구분하지 못하면 계좌는 열리지 않는다.

1. **자금 원천** (Source of Funds, SOF) : "지금 입금하려는 이 100억 원, 어디서 났습니까?" ⇨ "비트코인 팔아서 벌었습니다." (특정 자금의 유래)

2. **부의 원천** (Source of Wealth, SOW) : "그 비트코인을 살 100억 원은 애초에 어떻게 모으셨습니까?" ⇨ "아버지가 물려주신 땅을 팔았거나, 10년 동안 사업해서 벌었습니다." (전체 자산의 형성 과정) 가상자산 맨데이트에게 가장 어려운 건 SOF가 아니라 SOW다. "코인 투자로 100억 벌었다"는 건 트랜잭션으로 증명할 수 있다. 하지만 "애초에 그 시드머니 1억은 어디서 났냐"고 물으면, 5년 전, 10년 전 기록을 다 뒤져야 한다. 싱가포르 은행들은 이 SOW까지 완벽해야만 문을 열어준다.

은행은 당신의 과거를 본다 싱가포르 은행들은 단순히 코인 판 돈(SOF)만 보지 않는다. 그들은 '비거래성 증빙(Non-transactional Evidence)'을 요구한다. "10년 전 비트코인을 채굴할 때 당신의 직업은 무엇이었나?", "당시 그래픽카드 구매 영수증이 있는가?" 즉, 자금의 '세탁(Layering)' 과정뿐만 아니라, 자금의 태초 기원인 '배치(Placement)' 단계까지 검증하려는 것이다. 이 현미경 심사를 통과해야만 비로소 계좌가 열린다.

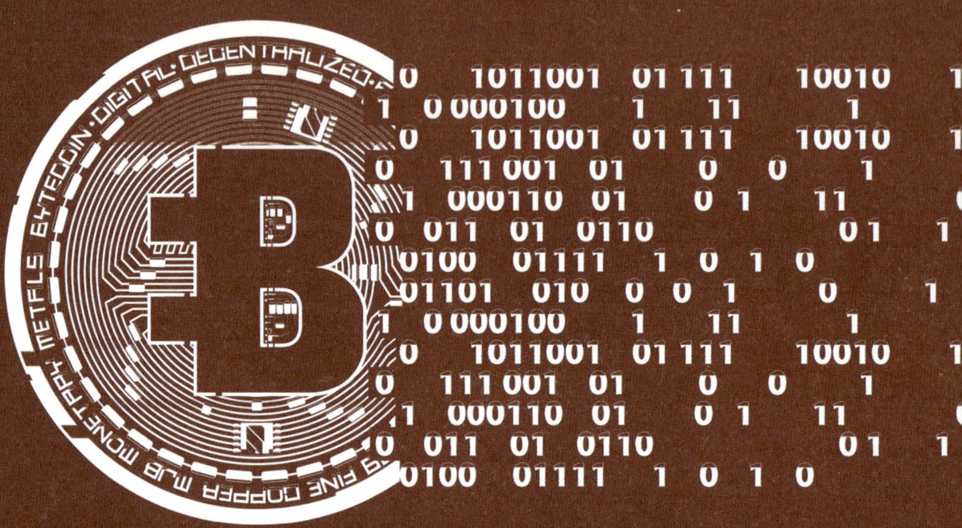
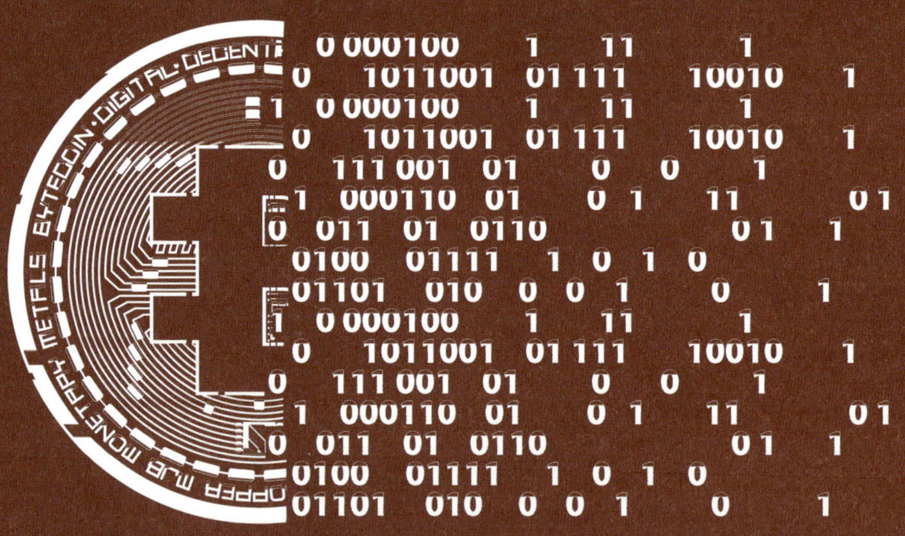

Chapter
3

0과 1 사이의 공포
: 보안과 실행의 딜레마

디지털 자산은 어떻게
물리적 위협을 넘는가

1. 오전 10시의 그림자 수행 : 생존을 위한 짐싸기

싱가포르의 아침은 언제나 무겁다. 적도 특유의 끈적한 습기가 호텔 로비의 강력한 에어컨 냉기와 만나 묘한 비릿함을 만들어낸다. 밖은 화창한 열대 기후지만, 호텔 안은 언제나 서늘하다.

오전 10시. 일반적인 관광객이라면 느긋하게 조식을 즐기고 수영장으로 향할 시간이지만, 202X년 그 시절 우리 팀에게 이 시간은 가장 긴장이 고조되는 이동의 시작이었다.

"회장님, 준비되셨습니까? 이동하겠습니다."

나의 짧은 안내에 스위트룸 안쪽에서 한 남자가 걸어 나왔다. 평범한 관광객 차림이지만, 그의 손에는 낡은 기내용 캐리어(Carry-on) 하나가 들려 있었다. 그 작은 가방 안에는 옷가지가 들어있는 게 아니었다. 수천억 원의 비트코인에 접근할 수 있는 콜드월렛과 복구 구문이 담긴, 말 그대로 '1,000억 원짜리 시한폭탄'이 들어있었다.

맨데이트인 나의 역할은 이 돈을 직접 드는 게 아니다. 돈의 주인인 그를 안전하게 다음 목적지까지 살아서 데려가는 것. 그것이 나의 임무였다. 만약 호텔 로비에서 누군가 우리를 가로막거나 납치 시도가 벌어진다면? 나는 내 몸을 던져서라도 저 가방과 주인을 지켜내야 한다.

우리는 방을 나서기 전, 습관적으로 테이블과 쓰레기통을 점검했다. 영수증 조각 하나, 메모지 한 장도 남겨서는 안 된다. 우리의 동선이나 VIP의 신원을 유추할 수 있는 그 어떤 단서(Intelligence)도 적에게 넘겨줄 수 없기 때문이다.

2. 준비된 차량: VIP를 위한 밀실

체크아웃을 마치고 로비 회전문 앞에 서자, 정확히 약속된 시간에 검은색 벤츠 S클래스 세단이 소리 없이 미끄러져 들어왔다. 번호판은 어제 보안 업체로부터 암호화된 메신저로 전달받은 숫자와 일치했다.

"탑승하십시오."

나는 주위를 경계하며 VIP를 뒷좌석 깊숙이 밀어 넣고, 나도 재빨리 그 옆에 올랐다. 우리는 결코 호텔 벨보이가 잡아주는 길거리 택시나, 그랩(Grab) 같은 공유 차량을 이용하지 않는다. 기사의 신원이 100% 검증되지 않은 차에 수백억 원을 든 자산가를 태운다는 건, OTC 시장에서는 자살행위나 다름없다. 우리는 오직 로펌이나 전문 보안 업체가 사전에 배차한, 기사의 신원 조회와 차량 도청 검사까지 마친 준비된 차량(Arranged Car)만을 이용했다.

도어맨이 문을 닫자, 둔탁한 소리와 함께 바깥세상의 소음은 진공청소기로 빤 듯이 사라졌다. 차량 내부는 대낮임에도 불구하고 동굴처럼 어두웠다. 밖에서 안을 볼 수 없도록 법적 허용치를 넘는 짙은 틴팅(Tinting)이 되어 있었기 때문이다.

하지만 그보다 더 압도적인 것은 운전석과 뒷좌석 사이를 가로막고 있는 불투명한 차단벽(Partition)이었다. 기사는 백미러로 우리를 볼 수 없고, 우리의 대화를 들을 수도 없다. 인터폰을 누르기 전까지 우리는 완벽하게 격리된다.

뒷좌석의 좁은 공간. 그곳은 싱가포르라는 개방된 도시 안에서 우리가 유일하게 숨 쉴 수 있는 움직이는 요새(Moving Fortress)이자, 동시에 세상과 단절된 감옥이었다. VIP가 긴장한 듯 가방을 꽉 움켜쥐는 모습이 보였다. 나는 묵묵히 창밖을 주시했다.

3. 패턴의 파괴 : 왜 매일 호텔을 옮기는가

차가 출발하자 나는 습관적으로 스마트폰의 구글 지도를 켰다. 기사가 약속된 경로로 가고 있는지 실시간으로 감시하기 위해서다. 만약 차가 엉뚱한 골목으로 꺾는다면, 나는 즉시 비상 프로토콜을 가동하고 VIP를 탈출시켜야 한다.

"오늘은 센토사(Sentosa) 쪽으로 갑니다. W 호텔입니다."

어제는 도심 한복판의 마리나 베이 샌즈, 그제는 오차드 로드의 세인트 레지스, 오늘은 외곽의 센토사 섬. 누군가는 이를 호화로운 호텔 투어라고 부러워할지 모른다. 하지만 이것은 철저하게 계산된 패턴 파괴(Breaking the Pattern) 전략이었다.

보안 전문가들은 이를 '생활 패턴 분석(Pattern of Life Analysis)'에 대한 방어라고 부른다. 타깃이 매일 몇 시에 일어나고, 어떤 경로로 출근하며, 어느 호텔 로비에서 커피를 마시는지가 파악되는 순간, 납치나 강도는 시간문제가 된다.

해커들이 네트워크상에서 코드를 노린다면, 현실 세계의 약탈자들은 물리적인 신체를 노린다. 특히, "저 동양인이 1,000억 원을 들고 다닌다"는 소문이 돌면, 우리는 걸어 다니는 ATM이나 다름없다.

그래서 우리는 도시의 유목민이 되어야 했다. 한곳에 머무르지 않고(No Stay), 동선을 꼬고(Twist), 흔적을 지운다(Clean). 가장 첨단의 디지털 화폐를 지키기 위해, 우리는 가장 원시적인 경호 작전을 수행해야 했다. 짙은 선팅 너머로 스쳐 지나가는 싱가포르의 화려한 풍경 속에서, 나는 맹수로부터 새끼를 지키는 어미처럼 온 신경을 곤두세우고 있었다.

[Deep Dive] OpSec (운영 보안)

사이버 보안보다 중요한 것 블록체인 업계 사람들은 흔히 '개인 키(Private Key)' 암호화나 '멀티시그(Multi-sig)' 같은 사이버 보안

(Cyber Security)에는 집착한다. 하지만 정작 자신의 신체가 노출되는 운영 보안(Operational Security, OpSec)에는 무지한 경우가 많다. 보안 업계에는 '5달러 렌치 공격($5 Wrench Attack)'이라는 유명한 농담이 있다. 수천만 달러를 들여 완벽한 암호화 시스템을 구축해도, 강도가 5달러짜리 렌치를 들고 와서 "비밀번호 불어!"라며 머리를 내려치면 누구나 비밀번호를 말하게 된다는 것이다. OTC 맨데이트에게 필요한 것은 방화벽이 아니라, 물리적인 안전거리다. 호텔을 옮기고, 차량을 검증하고, 동선을 숨기는 행위는 겁이 많아서가 아니다. 이 원시적이고 막을 수 없는 '5달러 렌치 공격'을 피하기 위한 유일하고도 처절한 방어 기제다.

1. 은밀한 제안: "보는 눈이 많으니 차에서 하시죠"

우리가 왜 이렇게까지 유난을 떨며 보안에 집착했을까? 기내용 캐리어 하나만 들고 호텔을 전전하는 우리의 모습은 누군가에게는 과대망상증 환자(Paranoid)처럼 보였을 것이다. 하지만 그것은 겁이 많아서가 아니었다. 업계에 실제로 존재했던 끔찍한 선례(Precedent)들, 맨데이트들 사이에서 괴담처럼, 하지만 명백한 팩트로 전해지는 사건들 때문이었다.

가장 대표적인 사건이 바로 2021년 홍콩에서 발생한 15 BTC 강도 사건이다. 이 사건은 OTC 시장의 낭만적인 시대가 끝났음을 알리는 신호탄이었다.

당시 30대의 개인 투자자 A씨는 보유한 비트코인을 현금화하기 위해 바이어를 만나러 나갔다. 약속 장소는 홍콩의 번화가인 노스 포인트(North Point)의 한 호텔 로비였다. 하지만 현장에 도착하자 바이어 측 대리인들이 그에게 접근해 은밀하게 제안했다.

"선생님, 여기 로비는 CCTV도 많고 오가는 사람이 너무 많습니다. 큰돈이 오가는데 서로 얼굴이 팔리면 곤란하지 않겠습니까? 저희가 준비한 VIP 밴(Van)이 호텔 정문 바로 앞에 대기 중입니다. 거기서 조용히 마무리하시죠."

그럴듯한 제안이었다. 프라이버시를 생명처럼 여기는 OTC 시장에서 '밀폐된 공간'은 거절하기 힘든 매혹적인 옵션이다. 호텔 로비의 산만함보다는, 틴팅이 짙게 된 고급 밴 안에서의 거래가 훨씬 전문적이고 안전해 보였을 것이다. A씨는 별다른 의심 없이 그들이 안내한 검은색 차량에 올랐다. 그것이 그가 내린 인생 최악의 선택이었다.

2. 0.1초의 정적, 그리고 "철컥"

슬라이딩 도어가 닫히자 외부의 소음은 완벽하게 차단되었다. 에어컨 바람이 서늘하게 불고 있었지만, 차량 내부에는 묘한 긴장감이 감돌았다. 바이어들은 준비해 온 현금 가방을 살짝 열어 보이며 재촉했다. 가방 안에는 400만 홍콩달러(약 6억 원) 상당의 현금 다발이 들어 있었다.

"자, 현금 확인하셨죠? 이제 코인 먼저 보내시죠."

A씨는 그들이 보여준 현금의 실체를 확인한 뒤, 안심하고 자신의 스마트폰을 꺼냈다. QR코드를 스캔하고, 수량을 입력하고, 지

문 인식으로 승인했다. 전송 버튼을 누르는 순간, 블록체인 네트워크상으로 15 BTC가 전송되었다.

스마트폰 화면에 초록색 체크 표시가 떴다. A씨가 고개를 들어 "확인되셨습니까? 이제 현금 주시죠"라고 말하려던 찰나였다. 차량 내부의 공기가 순식간에 바뀌었다. 그리고 정적을 깨고 날카로운 기계음이 들렸다.

"철컥."

차 문이 잠기는 소리(Central Lock)였다. 훗날 생존자들의 증언에 따르면, 좁은 차 안에서 들려온 그 둔탁한 금속음은 마치 법정에서 판사가 내리는 사형 선고처럼 들렸다고 한다. 그것은 거래의 종료를 알리는 소리가 아니라, 사냥의 시작을 알리는 신호탄이었다.

3. 디지털은 불멸하지만, 육체는 부서진다

그 소리와 동시에, 점잖은 바이어라 믿었던 신사들은 야수로 돌변했다. "고개 숙여! 소리 지르면 죽여버린다!"

그들은 좁은 차 안에서 A씨를 무자비하게 폭행했다. 저항할 틈도 없었다. 이미 코인은 전송됐고, 현금 가방은 그들의 손에 있었으며, 차 문은 잠겨 있었다. 완벽한 독 안에 든 쥐였다.

그들은 A씨가 신고하지 못하도록 스마트폰까지 빼앗은 뒤, 인적이 드문 산간 도로변에 차를 세우고 그를 짐짝처럼 밖으로 내동 댕이쳤다. 밴은 굉음을 내며 어둠 속으로 사라졌다. 도로 위에 버려진 A씨에게 남은 것은 멍든 몸과 찢어진 옷, 그리고 텅 비어버린 전자 지갑뿐이었다.

이 사건은 전 세계 OTC 멘데이트들에게 거대한 충격을 주었다. 우리는 항상 해커와 싸운다고 생각했다. 방화벽을 세우고, 멀티시그(Multi-sig)를 걸고, 콜드월렛을 쓴다. 하지만 그 모든 첨단 디지털 보안도 물리적 폭력(Physical Violence) 앞에서는 무용지물이었다.

"디지털 자산(Code)은 해킹이 어렵지만, 그것을 쥔 인간(Human)을 해킹하는 건 너무나 쉽다."

블록체인 상의 비트코인은 불멸이다. 하지만 그 키를 쥐고 있는 인간의 육체는 나약하기 짝이 없다. 5달러짜리 렌치 하나, 혹은 주먹질 몇 번이면 누구나 비밀번호를 불거나 송금 버튼을 누르게 된다.

이 잔혹한 진실을 마주한 뒤로, 우리 팀은 검증되지 않은 밀폐 공간을 전면 금지했다. 차량은 가장 안전한 금고가 될 수도 있지만, 동시에 가장 완벽한 감옥이자 범죄 현장이 될 수도 있다. 우리가 기내용 캐리어를 끌고 매일 호텔을 옮기는 이유는 영화를 찍고 싶어서가 아니다. 제2의 홍콩 사건 피해자가 되지 않기 위한, 생존을 위한 처절한 몸부림이었다.

비가역성(Irreversibility)의 저주 기존 금융 시스템에서 강도를 당했다면 어떨까? 은행에 전화해 계좌를 동결하고, 경찰에 신고해 송금을 취소(Revert)하거나 지불 유예를 요청할 수 있다. CCTV를 추적해 범인을 잡으면 돈을 돌려받을 가능성도 높다. 하지만 블록체인은 다르다. 블록체인의 핵심 철학인 '비가역성(되돌릴 수 없음)'은 범죄 상황에서는 피해자에게 저주가 된다. "일반적인 상황에서 확정된 트랜잭션을 취소하는 것은 불가능하다. 그러나 기술적인 예외는 존재한다. '하드포크(Hard Fork)'를 통해 네트워크 참여자 대다수가 합의하면 블록체인의 역사를 '되감기'하는 것이 가능하기 때문이다. 실제로 2016년 이더리움은 'DAO 해킹 사건'의 피해를 복구하기 위해 인위적으로 체인을 분리했다. 다만 비트코인 커뮤니티는 '코드 불변성'을 종교처럼 신봉하므로, 이러한 인위적 개입은 사실상 불가능에 가깝다. 범인은 잡을 수 있을지 몰라도, 돈은 영원히 돌려받지 못한다. 강도들이 훔친 코인을 믹서(Mixer)에 넣어 세탁해 버리면 추적이 극도로 어려워진다. 이 '완벽한 소멸'의 공포가 OTC 시장을 극도로 폐쇄적이고 편집증적인 보안의 세계로 만든 근본 원인이다.

[Case Study] 서울의 덫
: 로비의 신사와 룸 안의 강도들

1. 텔레그램의 유령:

"시세보다 5% 싸게 드립니다"사건은 언제나 탐욕을 자극하는 달콤한 제안에서 시작된다. 2024년 5월, 피해자 A씨 팀은 텔레그램을 통해 "10억 원어치 테더(USDT)를 시세보다 싸게 넘기겠다"는 러시아 셀러를 소개받았다. 그들은 프로였다. 신원을 알 수 없는 은밀한 장소가 아니라, 서울 강서구의 번듯한 호텔 로비를 거래 장소로 제안했다. "서울 한복판, 그것도 CCTV가 즐비한 호텔 로비라면 안전하겠지." 피해자들은 이 '공개된 장소'가 주는 안심감에 속아 현금을 준비했다.

2. 로비의 연극: 안심(Relief)이라는 마취제

약속 당일, 호텔 로비 카페에는 말끔한 정장을 입은 러시아인 B

가 기다리고 있었다. 그는 능숙한 태도로 인사를 건네며 자신의 스마트폰 전자지갑 앱을 보여주었다. 화면에는 분명히 10억 원 상당의 테더(USDT)가 들어 있었다. 블록체인상의 실시간 잔고였다. A씨 팀은 안도했다. "진짜 물건(Real Coin)이 있구나." B는 A씨 일행이 가져온 쇼핑백 속의 현금 다발(10억 원)을 눈으로 확인한 뒤, 난처한 표정을 지으며 연기를 시작했다. "여기 로비는 사람들이 너무 많아서 돈을 세기가 좀 그렇네요. 제 객실에 계수기를 준비해 뒀으니, 한 분만 올라와서 같이 확인하시죠. 코인은 거기서 바로 쏘겠습니다." 그것은 너무나 합리적인, 그리고 매너 있는 제안처럼 들렸다. 로비에는 A씨의 일행들이 남아 있었기에, A씨는 별다른 의심 없이 현금 가방을 들고 B를 따라 엘리베이터에 올랐다.

3. 닫힌 문 뒤의 지옥: 3명의 포식자객실

문이 열리고 A씨가 발을 들여놓는 순간, 상황은 180도 바뀌었다. 방 안에는 돈을 세는 계수기 대신, 객실 화장실 안에는 덩치 큰 러시아인 공범 2명이 더 숨어 있었다. 그들은 문이 닫히자마자 A씨를 덮쳤다. 한 명은 A씨의 목을 졸라 제압했고, 다른 한 품에서 마치 진짜 같은 정교한 모형 권총을 꺼내 머리에 겨눴다. "소리 지르면 죽인다." 로비의 젠틀했던 신사는 순식간에 야수로 돌변해 10억 원이 든 가방을 낚아챘다. A씨는 생명의 위협을 느끼는 상황에서도 필사적으로 저항했다. 객실 안은 비명과 타격음으로 순식간에 아수라장이 되었다.

4. 탈출, 그리고 상처가 만든 검거

A씨는 단순히 비명을 지르며 도망친 것이 아니었다. 그는 10억 원과 자신의 목숨을 지키기 위해 3명의 거구와 엉겨 붙어 처절하게 주먹을 휘두르며 저항했다. 그 치열한 난투극 끝에 A씨는 가까스로 객실을 탈출했고, 당황한 범인들은 현금을 챙겨 현장에서 도주했다.

사실 그들은 프로였다. 범행 직후 한국 수사망을 피하기 위해 이미 해외로 나가는 비행기 티켓까지 끊어둔 상태였다. 계획대로라면 그들은 로비의 인파를 뚫고 공항으로 직행해, 유유히 한국을 떠났어야 했다.

하지만 A씨가 남긴 '상처'가 그들의 발목을 잡았다. A씨와의 격투 과정에서 주범의 얼굴에는 심한 타박상과 긁힌 상처가 남았다. 얼굴이 피투성이가 되고 엉망이 된 상태로는 공항의 보안 검색과 이미그레이션(출입국 심사)을 무사히 통과할 리 만무했다. 누가 봐도 금방 범죄를 저지른 사람의 몰골이었기 때문이다.

결국 그들은 눈앞에 둔 출국을 포기하고 강제로 한국에 더 머물러야 했고, 그 지체된 시간 덕분에 경찰은 CCTV 추적 등을 통해 국내 은신처에 숨어 있던 일당을 검거할 수 있었다. 피해자의 치열했던 저항이 역설적으로 범인들의 얼굴에 '출국 금지 낙인'을 찍어버린 셈이다.

밀실은 범죄의 인큐베이터다이 사건이 주는 교훈은 명확하다. OTC 거래에서 "밀폐된 공간(Private Space)으로 이동하자"는 제안은 100% 함정이다.

호텔 객실, 차량 내부, 파티션이 쳐진 VIP룸. 그곳은 CCTV가 없는 범죄의 사각지대이자 그들의 홈그라운드다.

진짜 선수들은 돈을 세는 모습이 남들에게 보이더라도, CCTV가 돌아가는 은행 창구나 개방된 로비를 절대 벗어나지 않는다.

*방으로 가시죠"라는 말을 듣는 순간, 뒤도 돌아보지 말고 도망쳐라. 그 문은 지옥으로입구다.

1,000억을 한 번에 보낼 수 없는 이유
: 차가운 공기의 방

1. 만남의 자격: 사전 리스크 체크 (Pre-screening)

호텔 방의 차가운 공기 속에서, 나는 파트너가 건네준 노트북을 열었다. 우리가 이 자리에 앉아 있다는 것은, 이미 '가장 중요한 검증'이 끝났다는 것을 의미한다.

많은 사람이 오해한다. 현장에서 만나서 지갑을 확인하고 거래하는 줄 안다. 천만의 말씀이다. 1,000억 원대 딜에서 '문제 있는 지갑'을 가진 사람과는 애초에 미팅조차 잡지 않는다. 그것이 바이어 사이드(Buyer Side)건 셀러 사이드(Seller Side)건 마찬가지다.

우리는 미팅 날짜를 잡기 전, 무조건 상대방에게 지갑 주소(Wallet Address)를 먼저 요구한다. 그리고 그 주소를 체이널리시스(Chainalysis)나 TRM Labs 같은 전문 분석 업체의 솔루션에 돌린다.

"이 지갑, 헬스 체크(Health Check) 통과했습니까?"

코인 시장에는 '좀비 지갑'이 수두룩하다. 잔고에는 수천억 원이 찍혀있지만, 해킹 연루로 블랙리스트에 올라 입출금이 동결(Frozen)되었거나, 스마트 컨트랙트 오류로 자금이 갇혀버린 지갑들이다. 이런 지갑과 거래했다가는 내 자산(혹은 고객의 자산)까지 연쇄 동결되는 참사가 벌어진다.

"리스크 점수(Risk Score) 'Low', 최근 활동 정상, 제재 목록 없음." 이 '청정 판정'을 받은 지갑의 소유주만이 우리의 'D-1 Hour' 통보를 받고 이 호텔 방에 들어올 자격을 얻는다.

2. 첫 번째 장애물: 복사+붙여넣기의 함정 (주소 오염)

사전 검증된 주소라 해도 안심할 수는 없다. 이제부터는 해커와의 싸움이다. "노트북 화면에 사전에 검증된 지갑 주소를 띄웠다. "우리가 사용하는 것은 42자리의 '네이티브 세그윗(Native SegWit, P2WPKH)' 주소였다.

bc1qxy2kgdygjrsqtzq2n0yrf2493p83kkfjhx0wlh...[1]

누군가는 "그냥 복사(Ctrl+C)해서 붙여넣기(Ctrl+V) 하면 되잖아?"라고 반문할 것이다. 하지만 맨데이트의 세계에서 '복붙'은 가장 위험한

---

1. 비트코인 주소는 형식에 따라 길이가 다르다. 구형 레거시(Legacy) 주소는 26~34자, 네이티브 세그윗(bc1q) 주소는 42~62자, 최신 탭루트(bc1p) 주소는 62자다. (※ 참고)

도박 중 하나다. 바로 '주소 오염(Address Poisoning)' 공격 때문이다.

해커들은 봇(Bot)을 이용해 '앞 4자리와 뒤 4자리가 똑같은' 가짜 주소를 생성해 미끼용 송금을 보낸다.(예시: 0.0001 BTC) 전체가 일치하는 주소를 만드는 건 우주 나이보다 긴 시간이 필요하지만, 앞 뒤 일부만 맞춘 주소는 충분한 연산 자원을 투입하면 현실적으로 만들어 낼 수 있다.

무심코 거래 내역에 찍힌 이 가짜 주소를 복사하는 순간, 1,000억 원은 해커에게로 증발한다. 이를 막는 방법은 원시적이지만 확실하다. 주소록(Address Book) 기능을 사용하거나, 테스트 전송(Test Tx)을 거치는 것. 그리고 무엇보다 귀찮더라도 '주소 전체'를 한 글자씩 육안으로 대조하는 것뿐이다

우리는 원시인처럼 행동했다. A4 용지에 검증된 주소를 대문짝만 하게 인쇄해두고, 모니터 화면과 한 글자씩 육안으로 대조했다. 다섯 번의 교차 검증(Cross-check)이 끝날 때까지 아무도 마우스를 잡지 않았다.

3.두 번째 장애물: 병목(Bottleneck)과 쪼개기(Chunking)

"주소 확인 완료. 전송 시작합니다."

하지만 여전히 '전액 전송' 버튼은 누를 수 없다. 블록체인 네트워크의 '병목 현상' 때문이다. 당시 비트코인 네트워크의 멤풀(Mempool, 전송 대기 공간)은 전 세계에서 몰려든 트랜잭션으로 폭주하고 있었다. 이 좁은 문으로 '1,000억 원 규모의 전송 트랜잭션'을 한 번에 밀어 넣

으려다가는 블록에 담기지 못한 채 며칠이고 '펜딩(Pending, 전송 대기)' 상태로 표류할 수 있다.

돈이 공중에 묶인 사이 시세가 폭락한다면? 딜은 깨지고 막대한 환차손은 고스란히 우리의 빚이 된다. 그래서 우리는 가장 느리지만 안전한 방법, '쪼개기(Chunking)'를 택했다.

"테스트 0.1개(Test Tx) 먼저 갑니다."

마우스 클릭 소리가 유난히 크게 울렸다. 자금이 지갑을 떠났다. 이제 우리가 할 수 있는 일은 기도하는 것뿐이다. 우리는 말없이 모니터만 응시했다. 검지 손가락은 기계적으로 '새로고침(Refresh)' 버튼을 누르고 있었다.

"딸깍. (새로고침) 아직 0 Confirm. 딸깍. (새로고침) 여전히 0 Confirm.
컴펌 확인됐습니다. 첫 트랜치(테스트) 경로 이상 없습니다. 본 물량은 10개씩 끊어서 나갑니다. 최종 정산은 6컴펌 기준으로 확인하겠습니다."

나는 1 Confirm이 뜨자마자 안도의 한숨 대신 냉정한 프로토콜을 가동했다. 100억 원의 딜에서 1 컴펌은 '전송 시작'을 알리는 신호일 뿐, '정산 완료'를 의미하지 않는다. 블록 6개가 쌓여야만 비로소 '확정'이 되기 때문이다.

다시 전송, 다시 침묵, 다시 새로고침. 그렇게 수십 번을 반복해야 했다. 100억 원을 옮기는 일은 빛의 속도가 아니었다. 마치 살얼음판 위에서 무거운 금괴를 하나씩 나르는 노동이었다. 이 '실행의 비효율'이야말로 이론서에는 나오지 않는, 오직 현장에서만 배우는 비싼 수업료였다.

[Deep Dive] UTXO의 역설: 합쳐야 싸고, 쪼개야 안전하다

비트코인 멘데이트는 마치 야누스처럼 두 가지 모순된 작업을 능수능란하게 수행해야 한다.

1. 평시의 병합 (Consolidation): 데이터가 곧 비용이다

비트코인에는 '통장 잔고'라는 개념이 없다. 오직 흩어진 '동전 조각(UTXO)'들의 합이 있을 뿐이다. 중요한 건 수수료가 '송금액'이 아니라 '데이터 크기(Byte)'에 비례한다는 점이다. 100억 원을 보내기 위해 1만 개의 자잘한 UTXO를 긁어모으면, 입력(Input) 데이터가 1만 개가 되고 각각 서명(Signature)이 붙어 트랜잭션 용량이 폭증한다. 이는 곧 '수수료 폭탄'으로 이어진다. 그래서 멘데이트는 네트워크가 한산할 때, 미리 이 조각들을 하나의 큰 덩어리로 합쳐두는 'UTXO 병합' 작업을 수행한다.

2. 전시의 분할 (Chunking): 리스크 분산

하지만 막상 거래(Deal)가 시작되면, 리스크 관리를 위해 합쳐뒀던

덩어리를 다시 잘게 쪼개서(Chunking) 보낸다. 한 번에 보냈다가 펜딩 (Pending)되거나 사고가 나는 것을 막기 위해서다.

"비용을 아끼려 평소엔 합치고, 사고를 막으려 실전엔 쪼갠다." 이 기술적 역설을 이해하고 실행하는 것이 맨데이트의 기본 소양이다.

1. 금고 속의 티타늄: 1,000억의 무게

호텔 방에 들어오자마자 내가 가장 먼저 하는 일은 옷을 벗는 것이 아니라, 룸에 비치된 금고(Safe)의 상태를 점검하고 비밀번호를 재설정하는 것이다.

"회장님, 안전합니다. 넣으시죠."

나의 신호에 VIP는 소중하게 들고 온 기내용 캐리어를 열고, 그 안에서 손바닥만한 검은색 파우치를 꺼내 금고 깊숙이 넣는다. 그 파우치 안에는 화려한 보석이나 현금 다발이 들어 있지 않다. 대신 투박한 USB 모양의 '렛저 나노(Ledger Nano)' 두 개, 그리고. 그리고 복구 구문(Seed Phrase)이 각인된 티타늄 금속판이 들어 있다. 이것이 수천억 원의 자산을 담고 있는 우리의 심장이다. 금고 문이 닫히고 '잠김(Locked)' 표시가 뜰 때까지 우리는 눈을 떼지 않는다.

거래 시간이 다가오면, VIP는 금고에서 다시 파우치를 꺼내 테이블 위에 올려놓는다. 우리는 딜레마에 빠진다. 거래를 하려면 지갑을 인터넷에 연결해야 한다(Hot). 하지만 연결하는 순간 해킹의 위협에 노출된다. 반대로 연결을 끊으면(Cold) 안전하지만, 급변하는 시세에 대응할 수 없다. 하지만 우리는 원칙을 타협하지 않는다. 나는 장갑 낀 손으로 조심스럽게 기기를 받아 든다.

"지갑 연결합니다. 에어갭(Air-gap) 확인."

2. 에어갭(Air-gap) : 디지털 방화벽을 넘어서

우리가 사용하는 방식은 극도로 원시적이고 번거롭다. 우리는 거래용으로 인터넷이 물리적으로 차단된(Wi-Fi 모듈을 제거한) 노트북을 따로 쓴다.

1. 오프라인 서명(Offline Signing): 인터넷이 끊긴 노트북에 렛저를 연결한다. 트랜잭션을 생성하고 기기의 물리 버튼을 눌러 서명(Sign)한다.
2. 데이터 이동: 서명된 트랜잭션 데이터만 QR코드로 변환한다.
3. 온라인 전송(Broadcasting): 인터넷이 연결된 별도의 스마트폰으로 그 QR코드를 스캔하여 블록체인 네트워크에 뿌린다.

이 과정은 끔찍하게 번거롭다. 100억 원을 10번 쪼개서 보내려면, 이 짓을 10번 반복해야 한다. 렛저의 그 조그만 물리 버튼을 수백 번

딸각거려야 한다. 손가락 끝이 저려오고, 시간은 하염없이 흐른다.

바이어 측 대리인이 초조한 듯 시계를 보며 재촉한다. "아직입니까? 시세 변동하면 책임지실 겁니까? 그냥 메타마스크로 빨리 쏘시죠."

하지만 나는 단호하게 고개를 젓는다. "기다리십시오. 안전이 최우선입니다." OTC 시장에서 '편리함(Convenience)'은 곧 '취약점(Vulnerability)'이다. 우리는 기꺼이 이 불편함을 택함으로써 생존을 택했다.

3. 핫월렛의 유혹: 3초 만에 증발한 10억

내가 이렇게까지 강박적으로 콜드월렛을 고집하는 데는 이유가 있다. 바로 눈앞에서 동료가 무너지는 것을 목격했기 때문이다.

몇 년 전, 함께 일하던 브로커 K는 "10억 정도 소액이니 빨리 보내고 치우자"며 자신의 크롬 브라우저에 설치된 '메타마스크(MetaMask, 핫월렛)'를 열었다. 그는 프라이빗 키를 복사해서 붙여넣었다.

그 순간이었다. 그의 PC에 잠복해 있던 '클립보드 하이재킹(Clipboard Hijacking)' 멀웨어가 키를 가로챘다. 엔터키를 누르기도 전에, 지갑 속의 10억 원 상당의 이더리움이 순식간에 제3의 지갑으로 빠져나갔다.

"어...? 어!"

K의 비명 소리는 지금도 잊히지 않는다. 자금이 증발하는 데 걸린 시간은 단 3초였다. 되찾을 방법은 없었다. 그는 그날부로 업계를 떠났다.

그 사고 이후, 우리 팀은 100만 원을 보내더라도 반드시 콜드월렛을 쓴다. 호텔 방에서 물리 버튼을 딸깍거리는 그 지루하고 건조한 플라스틱 소음. 그것은 우리의 자산이, 그리고 우리의 목숨줄이 안전하다는 유일한 신호음이었다.

[Deep Dive] 핫월렛(Hot) vs 콜드월렛(Cold)

1,000억 원을 다루는 맨데이트에게 지갑은 단순한 보관함이 아니라 생존 도구다. 지갑은 인터넷 연결 유무에 따라 크게 두 가지로 나뉜다.

1. 핫월렛 (Hot Wallet): 열려 있는 지갑

- **정의** : 인터넷에 상시 연결된 지갑 (거래소 지갑, 모바일 앱, 메타마스크 등).
- **장점** : 사용이 간편하고 전송 속도가 빨라 트레이딩에 적합하다.
- **단점** : 해킹, 피싱, 악성코드 감염에 취약하다. 프라이빗 키가 온라인상에 노출될 가능성이 항상 존재한다.

2. 콜드월렛 (Cold Wallet): 닫혀 있는 금고

- **정의** : 프라이빗 키가 온라인 환경에 노출되지 않도록 분리 보관/서명하는 방식
- **종류** : 키를 종이에 적는 '페이퍼 월렛'과 전용 보안 기기를 사용하는 '하드웨어 월렛'이 있다. 현대의 맨데이트들은 사용성과 보안성을 모두 잡은 하드웨어 월렛을 표준으로 사용한다.

3. 하드웨어 월렛 (Hardware Wallet): 콜드월렛의 완성형

- **보안 원리** : 전용 보안칩/보안 MCU 등 기기 내부 프라이빗 키를 격리하고, 서명은 기기 내부에서 수행한다. 일반적인 사용 환경에서 키가 PC/인터넷으로 직접 노출될 가능성을 크게 줄인다.
- **현실적 위협** : 핫월렛 대비 원격 해킹 저항성은 매우 높지만, 완전히 안전한 것은 아니다.
- **피싱 공격** : 가짜 앱이나 펌웨어가 시드 구문 입력을 유도하는 경우.
- **물리적 탈취** : 기기와 PIN 번호를 함께 강탈당하는 경우.
- **공급망 공격** : 공식 홈페이지가 아닌 중고 장터 등에서 구매하여, 이미 조작된 칩이 심어진 기기를 쓰는 경우.
- **핵심** : 결국 하드웨어 월렛도 초기 설정 시 발급되는 '시드 구문 (Seed Phrase)'을 오프라인으로 얼마나 잘 숨기느냐가 보안의 전부다.

1. 장소는 존재하지 않는다: 유령 같은 미팅

OTC 딜의 전체 프로세스 중에서 가장 위험한 순간(Critical Point)은 언제일까? 해킹? 전송 지연? 아니다. 바로 바이어와 셀러, 그리고 맨데이트가 한 공간에서 마주하는 '대면(Face-to-Face)'의 순간이다.

서로의 얼굴을 확인하고, 실물 서류나 현금 가방을 교환하는 그 찰나. 그곳은 모든 디지털 방어막이 해제되는 무방비 상태이자, 납치범과 강도들이 가장 노리기 쉬운 '킬 존(Kill Zone)'이다.

그래서 우리 팀의 계약서에는 '약속 장소'가 명시되어 있지 않다. 그저 '싱가포르 시내 모처(Undisclosed Location)'라고만 적혀 있을 뿐이다.

"장소는 미팅 1시간 전에 통보합니다."

이것은 협상의 대상이 아니라 통보의 대상이다. 상대방이 아무리 거물이라도 예외는 없다. 우리가 어디서 만날지는 오직 나와 보안 팀장, 단 두 사람만이 알고 있다. 정보가 새어 나갈 틈 자체를 원천 봉쇄하는 것. 이것이 우리의 첫 번째 생존 수칙이다.

2. 타임라인: D-Day의 시나리오

1,000억 원 규모의 딜이 예정된 D-Day. 우리의 움직임은 군사 작전과 다를 바 없다.

- **오전 09:00** (D-5시간) : 바이어 측 대리인에게 텔레그램 비밀 채팅으로 짧은 메시지를 보낸다.

  "오늘 오후 2시(14:00)에 뵙겠습니다. 준비하고 대기하십시오."

  구체적인 장소는 없다. 상대방은 어느 호텔 로비로 가야 할지, 어느 오피스로 가야 할지 모른다. 그저 싱가포르 시내 어딘가에 대기하고 있을 뿐이다.

- **오후 12:00** (D-2시간) : 우리 측 보안 팀(Advance Team)이 움직인다. 우리는 사전에 후보지 A(마리나 베이), B(오차드 로드), C(센토사) 세 곳을 선정해 둔다. 보안 팀은 현장에 도착해 '위협 요소(Risk Factor)'를 스캔한다.

  "A 장소 로비에 검은색 밴이 너무 오래 정차해 있습니다. 패스합니다."

  "C 장소는 진입로가 하나뿐이라 포위될 위험이 큽니다. 패스."

“B 장소, 비상구 확보됐고 수상한 인원 없습니다. 클리어.”

- **오후 01:00** (D-1시간) : 최종 장소가 'B 호텔 1504호 스위트룸'으로 결정된다. 하지만 아직 상대방에게 알리지 않는다.

- **오후 01:50** (D-10분) : 미팅 10분 전. 바이어가 이동할 수 있는 물리적 시간을 계산하여, 가장 마지막 순간에 좌표를 찍어준다.

  “지금 즉시 B 호텔 1504호로 오십시오. 10분 내로 도착하지 않으면 딜은 파기됩니다.”

3. 첩보 작전인가, 비즈니스인가

이쯤 되면 상대방 쪽에서도 불만이 터져 나온다.

“아니, 미스터 양. 우리가 무슨 007 영화 찍습니까? 우리를 못 믿어서 이러는 겁니까?”

점잖은 금융가 신사들이 불쾌한 표정으로 항의할 때, 나는 정중하지만 단호하게 대답한다.

“회장님, 이것은 회장님을 못 믿어서가 아닙니다. 당신과 나, 우리 모두를 지키기 위해서입니다.”

이 '10분(Time-limit)'의 의미는 명확하다. 설령 우리 팀 내부에, 혹은 바이어 팀 내부에 배신자가 있다고 가정해 보자. 그 배신자가 외부의 강도단에게 정보를 넘기려 해도, “지금 당장 B 호텔 1504호로 와서 덮쳐!”라고 연락하고 작전을 짜기에는 10분이 너무 짧다.

강도들이 무기를 챙기고 차량을 배차해서 현장에 도착했을 때, 우

리는 이미 딜을 끝내고 현장을 뜬 뒤다. 우리는 적에게 '준비할 시간'
을 주지 않는다. 이 편집증적인 시간차 보안만이 물리적 위협을 0%
에 가깝게 만들 수 있다.

거래가 끝나고 호텔을 빠져나오는 엘리베이터 안에서야 비로소 우
리는 넥타이를 느슨하게 푼다. 등 뒤가 축축하다. 싱가포르의 습기
때문만은 아닐 것이다.

[Deep Dive] 대조 감시 (Counter-Surveillance)

맨데이트가 이동할 때 가장 신경 쓰는 것은 '꼬리(Tail)'다. 누군
가 나를 미행하고 있는가? 이를 확인하는 기술을 '대조 감시(SDR:
Surveillance Detection Route)'라고 한다.

- **기술** : 목적지로 바로 가지 않고, 일부러 로터리를 세 바퀴 돌거
  나(Loop), 갑자기 고속도로 진출로에서 빠져나갔다가 다시 들어
  온다.
- **확인** : 만약 내 뒤에 있던 차가 이 비상식적인 경로를 똑같이
  따라온다면? 그것은 100% 미행이다. 이 경우 우리는 즉시 딜을
  중단(Abort)하고 안전가옥(Safe House)으로 대피한다. 1,000억 원
  을 버는 것보다 중요한 건, 살아서 집에 가는 것이기 때문이다.

운영 보안(OpSec)의 교훈
: 가장 가까운 적 (The Insider)

1. 1,000억 원과의 거리: 단 1미터

호텔 스위트룸의 거실. VIP는 침실에서 휴식을 취하고 있고, 나와 파트너는 거실 소파에 앉아 24시간 교대 경계(Watch)를 선다. VIP는 '렛저 나노'가 든 파우치를 절대 몸에서 떼어놓지 않는다. 식사를 할 때도, 잠을 잘 때도 그 파우치는 그의 손이 닿는 곳에 있다.

하지만 이 상황이 맨데이트에게 주는 심리적 압박감은 엄청나다. 내 눈앞에, 불과 몇 미터 떨어진 저 문 너머에 1,000억 원이 있다. 만약 내가 딴마음을 먹는다면? 지금 자고 있는 VIP를 제압하고 지문만 인식시키면 내 인생이 바뀐다.

이것은 나 자신에 대한 의심이 아니다. '인간 본성'에 대한 공포다. 맨데이트 팀 내부에는 묘한 긴장감이 흐른다. 파트너가 화장

실을 갈 때, 물을 마실 때, 나는 그의 눈빛을 살핀다. "저 친구, 혹시 다른 생각을 하고 있는 건 아니겠지?" 가장 믿음직한 방패가, 한순간에 가장 치명적인 창으로 변할 수 있는 거리. 그것이 1미터다.

2. 전설이 된 배신: 스타 맨데이트의 추락

업계에는 맨데이트들 사이에서 반면교사로 회자되는 비극적인 사건이 하나 있다. 바로 'K의 도주' 사건이다.

K는 싱가포르에서 가장 잘나가는 맨데이트 중 하나였다. 미국 명문대 출신에 젠틀한 매너, 그리고 수많은 딜을 성공시킨 완벽한 커리어까지. 모든 VIP가 그를 신뢰했고, 동료들은 그를 롤 모델로 삼았다. 하지만 그 신뢰가 독이 되었다.

어느 날, 수백억 원 규모의 대면 거래 현장. K는 VIP의 편의를 봐준다며, 자신이 직접 하드월렛을 들고 기술적인 세팅을 돕겠다고 나섰다. VIP도, 동료들도 그를 의심하지 않았다. "K라면 믿을 수 있지." 그 방심의 틈을 타 K는 "잠시 네트워크 신호가 안 잡혀서 로비 쪽에서 확인하고 오겠다"며 지갑을 들고 방을 나섰다.

그것이 마지막이었다. 그는 그 길로 준비된 차량을 타고 공항으로 도주했다. 업계의 스타가 하루아침에 파렴치한 도둑으로 전락하는 순간이었다. 하지만 결말은 비참했다. 훔친 코인은 이미 '오염된 자금'으로 낙인찍혀 현금화할 수 없었고, 그는 인터폴 적색 수배자가 되어 평생을 쫓기는 신세가 되었다. 한순간의 탐욕이 공들여 쌓은 10년의 커리어와 인생을 송두리째 날려버린 것이다.

"신뢰는 검증에서 나온다." 이 사건 이후, 업계에서는 아무리 유명한 맨데이트라도 절대 혼자서 지갑을 만지게 두지 않는 것이 철칙이 되었다.

3. 상호 감시: 2인 1조^(Two-man Rule)

우리는 서로를 감시하기 위해 존재한다.

첫째, 2인 1조 원칙. 현장에서는 그 누구도, 설령 팀의 리더라도 자산과 단둘이 있을 수 없다. 내가 VIP의 방에 들어갈 때는 반드시 파트너가 동행해야 한다. 이것은 동료를 의심해서가 아니다. 동료가 순간적인 '탐욕의 유혹'에 빠져 파멸하지 않도록, 옆에서 지켜봐 주는 '심리적 안전장치'다. 보는 눈이 있으면 죄를 짓지 못하는 법이다.

둘째, 기술적 족쇄 (멀티시그). 설령 우리 팀 전체가 배신을 하고 VIP를 위협해 지갑을 뺏는다 해도, 돈을 뺄 수는 없다. 지갑에는 '멀티시그(Multi-sig)'가 걸려 있다. 송금을 하려면 VIP의 키뿐만 아니라, 한국에 있는 로펌이나 제3의 에스크로 에이전트가 가진 '추가 서명(Key)'이 필요하다. 현장의 물리적 위협만으로는 자금이 이동하지 않도록 시스템을 설계해 둔 것이다.

우리가 싸워야 할 가장 큰 적은 외부의 강도가 아니었다. 바로 1,000억 원이라는 거액 옆에서 시시각각 피어오르는 우리 안의 '탐욕'이었다.

맨데이트들이 수천억 원의 고객 자금을 보호하기 위해 사용하는 핵심 기술은 '멀티시그'와 그 진화형인 'MPC'다. 우리는 인간의 도덕성을 믿지 않는다. 오직 수학만을 믿는다.

1. **멀티시그 (Multi-Signature)** : 자물쇠가 여러 개인 금고 영화에서 핵미사일을 발사할 때, 두 명의 장교가 서로 떨어진 곳에서 동시에 열쇠를 돌려야만 발사 버튼이 눌리는 장면을 본 적이 있을 것이다. 멀티시그가 바로 이 원리다.

- **실전 세팅 (2-of-3 구조)** : OTC 현장에서는 통상 '3개의 키 중 2개가 모여야 출금 가능'한 구조를 설계한다.

   - Key A (맨데이트): 내가 보관한다. (거래 집행용)

   - Key B (고객/VIP): 자금주가 보관한다. (소유권 확인용)

   - Key C (제3자/로펌): 중립적인 로펌 금고에 보관한다. (분쟁 해결 및 복구용)

- **시나리오별 방어 기제**

   - 평시 : 나와 고객이 합의하면(A+B), 2개의 키로 즉시 송금이 가능하다.

   - 내부자 배신: 내가(A) 딴마음을 먹고 돈을 빼돌리려 해도, 고객(B)이나 로펌(C)의 키가 없으므로 송금 버튼은 작동하지 않는다.

   - 납치 및 사고: 내가 강도에게 납치당해 키(A)를 뺏기더라도,

강도는 돈을 뺄 수 없다. 반대로 내가 불의의 사고로 사망하더라도, 고객은 로펌과 협력하여(B+C) 자산을 안전하게 복구할 수 있다.

2. **MPC** (Multi-Party Computation) : 열쇠를 가루로 만드는 기술 최근 기관 수탁 시장은 멀티시그를 넘어 MPC(다자간 연산) 기술로 진화하고 있다. 멀티시그의 한계(높은 수수료, 프라이버시 노출)를 극복하기 위해서다.

- **원리** : 온전한 프라이빗 키를 만드는 대신, 키를 수학적으로 여러 조각(Share)으로 잘게 쪼개서 보관한다. 서명할 때도 키를 합치지 않고, 각자의 조각으로 연산만 수행하여 하나의 유효한 서명 값을 만들어낸다.

- **장점** : 멀티시그는 "누가 서명했는지" 블록체인에 기록이 남아 내부 통제 구조가 노출되지만, MPC는 겉보기에 일반 단일 서명 트랜잭션과 똑같아 프라이버시가 완벽하게 보호된다. 또한 데이터 용량이 작아 수수료도 훨씬 저렴하다.

"멀티시그가 가장 튼튼한 금고라면, MPC는 아예 보이지 않는 금고다."

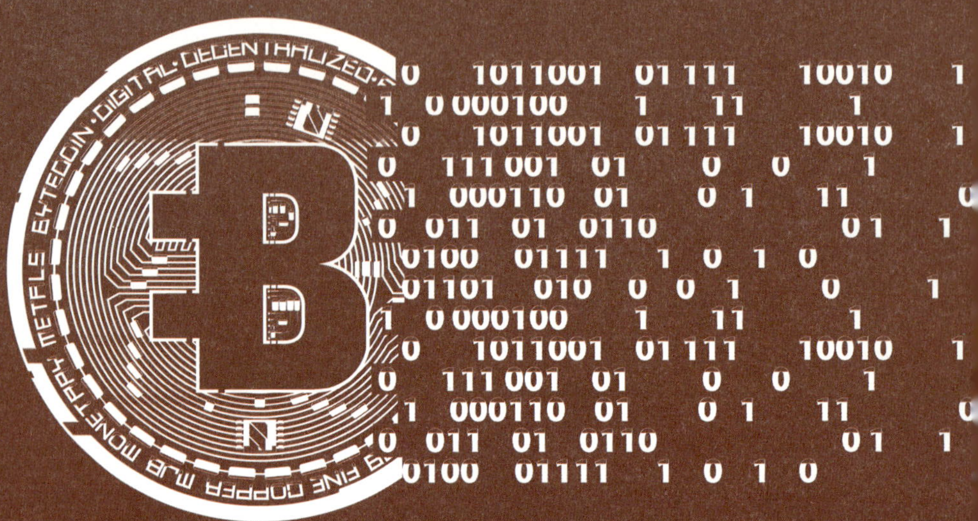
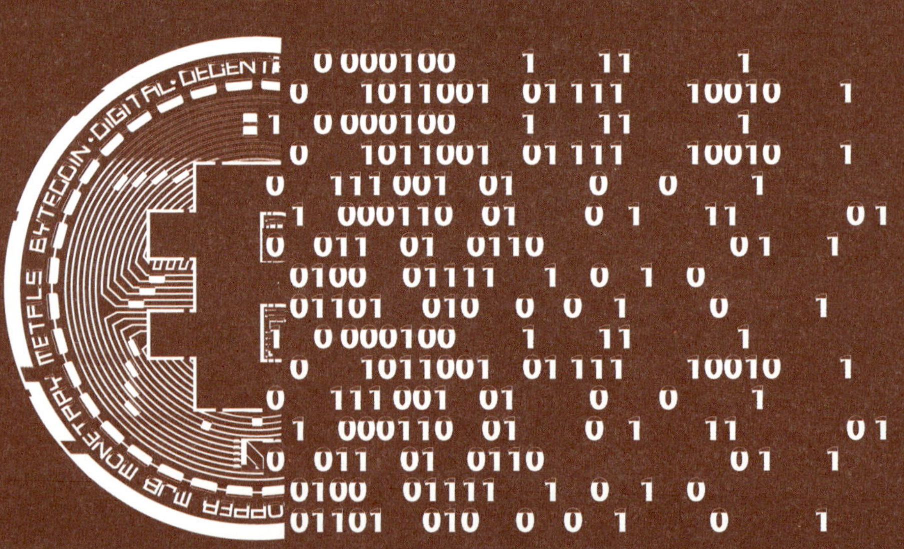

Chapter
4
신뢰의 비용
: 코드(Code)와
인간의 기만
트러스트리스 세상의 역설

완벽하게 세팅된 무대
: 가짜 은행(Fake Branch)의 함정

1. 0과 1의 세계 밖은 야생이다

블록체인 업계에는 "신뢰가 필요 없다(Trustless)"는 유명한 격언이 있다. 수학적 알고리즘이 모든 거래를 검증하고 보증하기 때문에, 중개인이나 상대방을 믿을 필요가 없다는 뜻이다. 하지만 아이러니하게도, 블록체인 밖(Off-chain)에서 이루어지는 인간의 거래는 극한의 불신(Distrust)을 기본값으로 설정해야만 생존할 수 있다. 코드는 거짓말을 하지 않지만, 사람은 숨 쉬듯이 거짓말을 하기 때문이다.

싱가포르와 동남아 일대의 OTC 시장을 누비며 내가 얻은 가장 큰 교훈은 이것이다. "눈에 보이는 화려함일수록 의심하라. 그것은 덫일 확률이 높다."

2. 래플스 플레이스의 유령 지점

업계에서 전설처럼 회자되는 가짜 은행 지점 사건은 인간의 치밀함이 어디까지 갈 수 있는지를 보여주는 섬뜩한 사례다. 어느 날, 대규모 비트코인 매도를 원하는 셀러 팀이 바이어의 초청을 받았다. 장소는 싱가포르 금융가에서도 가장 임대료가 비싼 A급 오피스 빌딩의 1층. 입구에는 유명 글로벌 은행의 로고가 선명하게 박혀 있었다.

자동문이 열리고 들어선 내부는 완벽했다. 대리석 바닥은 반짝였고, 에어컨은 쾌적했다. 제복을 입은 보안 요원이 입구를 지키고 있었고, 창구 뒤편에는 유니폼을 입은 직원들이 분주하게 키보드를 두드리고 있었다. 심지어 테이블 위에는 최신형 고속 위조지폐 계수기까지 세팅되어 있었다.

바이어라고 자신을 소개한 지점장은 명함을 건네며 여유로운 미소를 지었다. "어서 오십시오. 큰 금액이라 VIP 룸으로 모시겠습니다. 현금 500만 달러는 금고에 준비되어 있습니다."

보통 사람, 아니 웬만한 전문가라도 이 압도적인 미장센(Mise-en-Scène) 앞에서는 무장해제가 된다. "사기꾼들은 인간의 '권위 편향(Authority Bias)'을 교묘하게 이용한다. 제복, 대리석, 위조지폐 계수기 같은 '권위의 상징'들을 배치해 피해자의 이성적 판단을 마비시키는 것이다. 보안 업계에서는 이를 '사회적 공학(Social Engineering)' 기법이라 부른다. 맨데이트가 가장 경계해야 할 것은 가짜 돈이 아니라, 이 완벽하게 연출된 '가짜 권위'다."

눈앞에 은행이 있고, 직원이 있고, 계수기가 있는데 무엇을 의심하겠는가? 셀러 팀은 안도하며 VIP 룸의 소파에 앉았다. 그것이 그들의 마지막 실수였다.

3. 사라진 지점장과 텅 빈 사무실

거래는 순조로워 보였다.

"자, 확인되셨으면 코인 먼저 지정된 지갑으로 보내주시죠. 전산 확인되는 즉시 현금을 내어드리겠습니다."

셀러는 500만 달러어치의 비트코인을 전송했다. 트랜잭션이 컨펌되자, 지점장은 "잠시 전산실에서 최종 승인을 받아오겠습니다"라며 정중하게 인사를 하고 뒷문으로 나갔다.

5분, 10분, 30분… 지점장은 돌아오지 않았다. 불안해진 셀러 팀이 뒷문을 열었을 때, 그들이 마주한 것은 비상구 계단뿐이었다. 창구에 앉아 있던 직원들도, 입구의 보안 요원도 어느새 감쪽같이 사라지고 없었다.

알고 보니 그곳은 은행이 아니었다. 사기꾼들이 빈 사무실을 단기 임대(Short-term Lease)한 뒤, 인테리어 업자를 불러 가짜 간판을 달고, 연기자들을 고용해 은행원과 보안 요원 역할을 시킨 세트장이었던 것이다. 테이블 위의 계수기는 전원조차 연결되지 않은 소품이었다.

코인은 전송되었고, 사람은 사라졌다. 남은 것은 텅 빈 사무실과 덩그러니 놓인 가짜 명함뿐. 이 영화 같은 사기는 OTC 시장에서 카운터파티 리스크(Counterparty Risk)가 얼마나 치명적인지 보여주는 교과서적인 사례가 되었다.

4. 맨데이트의 검증법: 탐정이 되어야 한다

이 사건 이후, 우리 팀의 검증 프로세스는 편집증적으로 변했다. 우리는 눈에 보이는 건물이나 간판을 믿지 않는다. 우리가 거래 장소에 도착해서 가장 먼저 하는 일은 인사가 아니다. 실사(Due Diligence)다.

첫째, 임대차 계약서를 확인한다. "이 사무실, 당신네 법인 명의로 계약된 거 맞습니까? 계약서 원본 보여주시죠." 단기 임대나 공유 오피스라면 일단 의심한다. 둘째, 본사에 크로스체크를 한다. 해당 금융기관 본사 대표번호로 직접 전화를 건다. "지금 XX지점에 OOO 지점장이 근무 중입니까?" 셋째, 직원 신원을 확인한다. 창구 직원의 사원증을 요구하고, 링크드인 프로필과 대조한다.

상대방은 "무례하다"며 불쾌해한다. 하지만 나는 물러서지 않는다. "무례한 게 아닙니다. 이것은 100억 원을 지키기 위한 최소한의 예의입니다."

기술은 진보하여 블록체인을 만들었지만, 신뢰를 확인하는 방식은 여전히 돋보기를 든 탐정 놀이 수준에 머물러 있다. 이것이 우리가 마주한 핀테크의 민낯이다.

제로 트러스트(Zero Trust) 보안 모델 정보보안 업계의 최신 트렌드인 '제로 트러스트'는 OTC 시장에도 그대로 적용된다. 핵심 철학은 "절대 믿지 마라. 항상 검증하라(Never Trust, Always Verify)"이다.

- **기존 모델** : "은행 건물이니까 안전하겠지", "양복 입었으니 금융맨이겠지" (경계 내부를 신뢰함)

- **제로 트러스트** : "이 건물은 가짜일 수 있다", "저 제복은 코스튬일 수 있다" (아무것도 신뢰하지 않음) 멘데이트는 모든 상황을 '제로 트러스트' 관점에서 봐야 한다. 상대방이 내미는 명함, 사무실의 풍경, 심지어 그들이 제공하는 커피 한 잔까지도 의심의 대상이다.

1. 초록색 체크 표시의 함정

오프라인에서의 검증이 끝나고, 이제 코인을 전송할 시간이다. 가짜 은행 지점 같은 물리적 사기는 눈썰미로 피할 수 있지만, 모니터 화면 속에서 벌어지는 기술적 사기는 훨씬 더 치명적이고 은밀하다.

상대방이 전송 버튼을 누른다. 잠시 후, 우리가 모니터링하고 있던 태블릿 PC 화면에 경쾌한 알림음과 함께 팝업이 뜬다 [입금 감지: 100 BTC]

화면에는 분명히 100이라는 숫자가 찍혔고, 잔고도 늘어난 것으로 보인다. 일반적인 투자자나 초보 맨데이트라면 이 순간 안도하며 악수를 청하거나, 대가로 준비한 현금 가방을 건넬 것이다. 하지만 그 돈은 신기루다.

나는 파트너에게 눈짓으로 신호를 보낸다. "아직 움직이지 마."

우리는 화면에 뜬 숫자를 믿지 않는다. 그것은 블록체인 네트워크상에 "나 돈 보낼 거야"라고 소리친 것(Broadcast)일 뿐, 아직 장부에 기록된 것(Confirmed)이 아니기 때문이다. 우리는 이것을 펜딩(Pending) 상태라고 부른다.

2. 사라지는 마술: RBF(Replace-By-Fee) 공격

이 펜딩 상태의 10분은 사기꾼들에게는 골든타임이다. 그들은 이 짧은 틈을 타 RBF(수수료 대체)라는 기능을 악용해 마술을 부린다.

사기꾼은 나에게 100 BTC를 보내되 수수료를 아주 낮게 설정해서 보낸다. 거래는 멤풀에서 대기한다. 내 지갑에는 '입금 대기 중'으로 뜬다. 사기꾼은 "거 봐, 보냈잖아. 빨리 현금 줘"라고 재촉한다. 내가 속아서 현금을 건네는 순간, 1차전은 그들의 승리다. 사기꾼은 돌아서자마자 자신의 지갑에서 똑같은 100 BTC를 자신의 다른 지갑으로 보내는 새로운 거래를 생성한다. 이번에는 수수료를 아주 높게 설정한다. 채굴자들은 수수료가 높은 두 번째 거래를 먼저 처리한다. 블록체인의 규칙상 같은 돈을 두 번 쓸 수는 없으므로, 우리 측으로 보냈던 첫 번째 거래는 자동으로 폐기된다. 입금 대기 중이던 100 BTC는 순식간에 0으로 바뀐다. 눈앞에서 숫자가 증발하는 것을 지켜보는 기분은 공포 그 자체다. 이것은 해킹이 아니다. 블록체인의 프로토콜 규칙을 악용한 지능적인 기만이다.

3. 플래시 론(Flash Loan)의 허상: 가짜 잔고 증명

놈들이 잔고 증명(POC)을 조작할 때 즐겨 쓰는 또 다른 무기는 디파이(DeFi)의 '플래시 론'이다.

이것은 담보 없이 수천억 원을 빌리고, 같은 트랜잭션(Transaction) 내에서 갚기만 하면 되는 무담보 대출이다. 핵심은 '원자성(Atomicity)'에 있다. 빌리기(Borrow), 잔고 보여주기(Show), 갚기(Repay)의 모든 과정이 하나의 트랜잭션으로 묶여 찰나의 순간에 실행된다. 만약 마지막에 상환하지 못하면 트랜잭션 전체가 실패(Revert) 처리되어, 대출 자체가 '없었던 일'로 돌아간다.

사기꾼은 바로 이 찰나를 노린다. 블록체인 탐색기(Etherscan)상에는 분명히 그들의 지갑으로 수천억 원이 들어온 기록이 찍힌다. 초보 맨데이트는 이 '입금 내역'만 보고 속아 넘어간다. 하지만 그것은 내 돈이 아니라, 아주 잠시 스쳐 지나간 남의 돈일 뿐이다.

이를 간파하는 방법은 단순히 잔고 숫자만 보는 것이 아니라, '시간의 흐름'을 보는 것이다. 나는 상대방이 잔고를 증명한 시점의 블록뿐만 아니라, 바로 다음 블록의 잔고를 확인한다. 방금 전까지 1,000억 원이 있던 지갑이 다음 블록에서 0원이 되었다면? 100% 플래시 론이다.

혹은 온체인 분석 툴을 돌려 해당 주소의 과거 이력(Historical Balance)을 조회한다. 평생 잔고가 0원이다가 딱 한 순간만 심전도 그래프처럼 거금이 솟구쳤다 사라졌다면, 그것은 명백한 사기의 증거다.

4. 온체인 데이터는 이 지갑의 텅 빈 과거를 숨길 수 없다. "10분의 심리전: 어색한 침묵을 견뎌라"

이 모든 마술에 속지 않는 방법은 단 하나다. 기다림이다. 우리는 눈앞의 지갑 앱이 아니라, 블록체인 탐색기(Explorer)라는 원장을 본다. 그곳에 1 Confirm이라는 파란 글자가 박힐 때까지, 우리는 절대 움직이지 않는다.

비트코인 네트워크에서 블록 하나가 생성되는 시간은 평균 10분. 거래가 체결된 후, 좁은 회의실에서 흐르는 그 10분의 정적은 숨이 막힐 지경이다. 상대방은 "코인 보냈는데 왜 안 줘!"라고 화를 내고, 시계를 보며 초조해한다. 사기꾼이라면 제 발 저려서 날뛰는 것이고, 진짜 고객이라면 맨데이트의 깐깐함에 짜증이 난 것이다.

하지만 나는 미소 지으며 차를 권한다. "회장님, 블록체인의 신이 아직 도장을 안 찍었습니다. 딱 10분만 차 한잔하시죠."

이 어색한 침묵을 견디는 담력. 상대방의 불쾌함을 감수하고서라도 기술적 완결성을 확인하는 고집. 그것이 코드가 해결해주지 못하는, 맨데이트가 감당해야 할 신뢰의 비용이다.

[Deep Dive] RBF^(Replace-By-Fee) 공격
: 멤풀^(Mempool)의 하이재킹

사기꾼들이 0-Confirm 상태를 노리는 가장 지능적인 수법은 비트코인의 편의 기능인 RBF(수수료 대체)를 악용하는 것이다. 원래 RBF는 전송이 지연될 때 수수료를 더 내고 빨리 처리하기 위해 만들어진 기능이지만, 사기꾼의 손에서는 '보낸 돈을 취소하는 마술'이 된다.

1. **미끼 투척 (Bait)** : 사기꾼은 피해자에게 100 BTC를 전송하는 '트랜잭션 A'를 생성한다. 이때 고의적으로 'RBF(수수료 대체)' 옵션을 활성화하고, 채굴자 수수료를 아주 낮게 설정하여 전송 속도를 늦춘다.

2. **방심 유도 (Pending)** : 트랜잭션 A는 멤풀(Mempool, 전송 대기실)에 진입하고, 피해자의 지갑에는 '입금 대기 중(Pending)' 알림이 뜬다. 초보 멘데이트는 화면에 찍힌 '100 BTC'라는 숫자를 보고 입금이 완료됐다고 착각한다.

3. **집행 (Execution)** : 피해자가 입금 알림만 믿고 현금이나 물건을 사기꾼에게 건넨다. 거래가 성사된 순간이다.

4. **바꿔치기 (Replace)** : 사기꾼은 돌아서자마자 '트랜잭션 A'와 동일한 UTXO(입력값)를 사용하되, 받는 주소를 '자신의 다른 지갑'으로 바꾼 '트랜잭션 B'를 생성한다. 핵심은 수수료를 A보다 훨씬 높게(High Fee) 설정하여 배포하는 것이다.

5. **증발 (Invalidation)** : 돈에 민감한 채굴자들은 수수료가 싼 A를 버리고, 비싼 B를 선택해 블록에 담는다. 블록체인에서는 동일한 돈(UTXO)을 두 번 쓸 수 없으므로, 먼저 와서 대기하던 트랜잭션 A는 트랜잭션 B로 교체(replace)된다. 피해자의 지갑에서 대기 중이던 100 BTC는 흔적도 없이 사라진다.

"기억하라. 블록에 박제(Confirm)되기 전까지, 멤풀에 떠다니는 비트코인은 확정된 정산이 아니다."

[Deep Dive] 컨펌(Con rmation)의 횟수와 안전도

맨데이트는 모니터 속 숫자가 아니라, 블록의 깊이(Depth)를 믿는다.

1. 0 Confirm (Pending) : 위협 단계

- 트랜잭션이 멤풀(Mempool)에만 떠 있는 상태.
- RBF 공격이나 이중 지불이 언제든 가능한, 사실상 '아직 받지 않은 돈'이다.

2. 1 Confirm : 경계 단계

- 거래가 첫 번째 블록에 기록됨.
- 이 시점에서 RBF 공격은 기술적으로 불가능하다 (RBF는

- 그러나 안심하긴 이르다. 채굴 경쟁 도중 체인이 갈라지는 블록 재조직(Chain Reorganization)이 발생하면, 방금 생긴 블록이 취소(Orphan)될 리스크는 여전히 남아 있다.

3. 3 Confirm: 안정 단계

- 일반적인 거래소들이 입금을 인정해 주는 기준. 단순한 네트워크 지연이나 우연한 포크(Fork)로 거래가 뒤집힐 확률은 거의 사라진다.

4. 6 Confirm: 확정 단계 (Finality)

- 업계 표준으로 인정되는 최종 정산 기준.
- 사토시 나카모토의 백서에 따르면, 공격자가 전체 해시파워의 10%를 가졌을 때 6블록을 뒤집을 확률은 0.1% 미만으로 떨어진다.
- 이는 '수학적으로 완벽한 불가능'이라기보다는, 해킹에 드는 비용이 탈취 금액보다 더 커지는 '경제적으로 비합리적인 수준의 안전성'을 의미한다.

"그래서 우리는 100억 원을 받을 때, 지루하더라도 반드시 6블록(약 1시간)을 기다린다."

인간 지표
: 폭군과 신사

1. 밀실의 인류학: 자본의 민낯

OTC 룸의 두꺼운 방음 문이 닫히는 순간, 바깥세상의 도덕과 법은 잠시 힘을 잃는다. 오직 테이블 위에 놓인 하드월렛과 현금 가방, 그리고 그것을 차지하려는 인간의 본성만이 남는다. 나는 수년 동안 싱가포르의 밀실에서 수많은 자산가를 만났다. 그들은 모두 '고래'라 불리는 거부들이었지만, 그들이 딜을 대하는 태도는 천지 차이였다. 맨데이트들 사이에서는 이를 인간 지표라고 부른다. 사람을 보면 그 딜의 결말이 보인다.

2. 구시대의 폭군: "돈이면 다 된다"

어느 동남아 부동산 재벌과의 미팅이었다. 그는 업계에서 '불도 저'라 불리는 인물이었다. 약속 장소인 호텔 스위트룸에 들어서자,

거실 테이블 위에는 현금이 가득 담긴 007 가방들이 산처럼 쌓여 있었다. 시각적인 압도감을 주려는 전형적인 수법이었다.

그는 소파에 비스듬히 누워 시가를 피우며 나를 맞았다. "미스터 양, 내 돈은 깨끗해. 서류 같은 건 필요 없어. 당장 비트코인 500억 원어치 꽂아."

나는 정중하게, 하지만 단호하게 매뉴얼을 꺼냈다. "회장님, 싱가포르 규정상 KYC와 자금출처증명 서류가 필수입니다. 이 현금이 어디서 나왔는지 소명해 주셔야…"

말이 끝나기도 전에 묵직한 크리스털 재떨이가 내 발치로 날아와 박살 났다. "이봐! 내가 누군지 알고 종이 쪼가리를 들이밀어? 내가 내 돈 쓰겠다는데 감히 토를 달아? 수수료 더 줄 테니 그냥 진행해!"

그는 고함을 치며 공포 분위기를 조성했다. 전형적인 구시대의 권력자였다. 그는 자신의 돈과 폭력이면 블록체인의 규칙도 깰 수 있다고 믿었다. 하지만 싱가포르의 제도권 맨데이트들에게 그는 VIP가 아니라 기피 대상일 뿐이었다. "죄송합니다만, 저희는 진행할 수 없습니다." 나는 그길로 방을 나왔다. 듣기로는 그 후 그는 검증되지 않은 그림자 브로커를 찾아갔다가 시세보다 비싼 바가지를 쓰고, 일부 자금은 가짜 토큰으로 받는 사기까지 당했다고 한다. 규제를 무시하는 자본은, 정글에서 가장 먼저 잡아먹히는 살찐 돼지일 뿐이다.

3. 침묵의 설계자: "준비된 자가 모든 것을 가진다"

반면, 홍콩에서 날아온 사모펀드 운용역, 미스터 첸(Chen)은 달랐다. 그는 1,000억 원(약 1억 달러) 규모의 초대형 매도 딜을 의뢰했다. 우리는 이미 미팅 전, 그가 제출한 지갑 주소에 대한 모든 리스크 검증을 마친 상태였다. 지갑은 'Clean' 그 자체였다.

첫 대면 미팅 날, 그는 자리에 앉자마자 태블릿을 켜고 화면을 보여주었다. 그 안에는 우리가 검증한 내용 외에도, 자금 흐름도(Flow of Funds), 세무 완납 증명서, 그리고 만약의 사태를 대비한 에스크로(Escrow) 계약서 초안까지 완벽하게 정리되어 있었다.

"우리는 시장에 충격(Impact)을 주지 않고 조용히 빠져나가길 원합니다."

그의 딜은 마치 잘 조율된 오케스트라 연주처럼 매끄러웠다. 사전 검증된 지갑, 완벽한 서류, 그리고 매너. 그는 알고 있었다. 이 불확실한 시장에서 가장 큰 무기는 '돈'이 아니라, 상대방을 안심시키는 '투명성(Transparency)'과 '준비(Preparation)'라는 것을.

그의 딜은 마치 잘 조율된 오케스트라 연주처럼 매끄러웠다. 변호사의 법률 검토는 30분 만에 끝났고, 실행 과정에서 단 한 번의 에러도 없었다. 딜이 끝난 후, 그는 깔끔한 악수와 함께 쿨하게 성공 보수를 입금하고 유령처럼 사라졌다. 그는 알고 있었다. 이 불확실한 시장에서 가장 큰 무기는 돈이나 고함이 아니라, 상대방을 안심시키는 투명성과 준비라는 것을.

[Deep Dive] 맨데이트의 인상학 : 사기꾼을 거르는 법

맨데이트는 관상쟁이가 되어야 한다. 수많은 사기꾼을 겪으며 체득한 '거르고 봐야 할 인간 유형'이 있다.

- **말이 너무 많은 사람** : 진짜 부자는 말이 없다. 자신의 정보가 노출되는 것을 꺼리기 때문이다. 반면 사기꾼은 묻지도 않은 자신의 인맥과 재력을 과시하느라 바쁘다.

- **서두르는 사람** : "오늘 당장 해야 합니다", "지금 안 하면 기회 날아갑니다"라며 시간적 압박을 주는 자. 100% 사기꾼이거나 자금에 문제가 있는 경우다. 큰돈은 느리게 움직인다.

- **격식을 무시하는 사람** : 기본적인 비즈니스 매너가 없는 사람은 결국 계약도 지키지 않는다. OTC 시장에서 매너는 곧 신용이다.

1. 융통성 없는 변호사와 얼어붙은 공기

싱가포르의 OTC 데스크에는 수백 페이지에 달하는 AML 규정집이 비치되어 있다. 원칙적으로 우리는 모든 고객에게 여권 사본, 거주지 증명서, 자금 원천 증명서 등 서류를 징구해야 한다. 하지만 현장에는 비즈니스적 판단이라는 보이지 않는 예외 조항이 존재한다.

어느 날, 우리 팀이 고용한 대형 로펌의 주니어 변호사가 이 미묘한 선을 넘을 뻔한 적이 있다. 이날 미팅의 상대방은 한국 재계 순위권에 드는 대기업의 오너, K 회장이었다. 명문대 출신의 원칙주의자인 주니어 변호사는 분위기를 파악하지 못한 채 기계적으로 입을 열었다. "회장님, 규정상 KYC 절차가 필요합니다. 여권 사본과 자택으로 발송된 최근 3개월치 공과금 납부 내역서를 지금

주시겠습니까?"

그 순간, 방 안의 공기가 영하로 떨어졌다. 수조 원대 기업을 거느린 총수에게, 동사무소 직원이 할 법한 질문을 던진 것이다. K 회장의 미간이 찌푸려졌고, 수행비서의 표정은 당장이라도 자리를 박차고 나갈 기세였다. 딜이 깨지기 직전이었다.

2. 맨데이트의 개입: "내부적으로 처리하겠습니다"

나는 변호사의 허벅지를 툭 쳐서 제지한 뒤, 정중하게 웃으며 상황을 정리했다.

"회장님, 번거로운 행정 절차는 저희가 내부적으로 알아서 처리하겠습니다. 귀한 시간 내주셨는데 바로 본론으로 들어가시죠."

회장의 표정이 그제야 풀렸다. "그래, 양 대표는 말이 통하는군." 우리는 서류 이야기는 꺼내지도 않고 30분 만에 500억 원 규모의 딜 조건을 확정 지었다.

미팅이 끝난 후, 주니어 변호사가 당황한 얼굴로 나에게 따졌다. "대표님, 이건 규정 위반입니다! 서류 없이 진행했다가 감사에 걸리면 어쩌려고 그러십니까?" 나는 그에게 조용히 말했다. "이보게, 저분의 신원은 구글에 이름만 쳐도 다 나와. 자택 주소? 등기부 등본 떼면 되고, 재산 내역? 전자공시시스템 들어가면 10년 치 연봉까지 다 나와. 우리가 직접 찾아서 채워 넣으면 되는 정보를 가지고, 굳이 고객의 기분을 상하게 해서 500억 딜을 날려야겠나?"

3. 게임 이론: 500억보다 비싼 이름값

내가 법을 무시한 걸까? 아니다. 나는 리스크를 계산한 것이다. OTC 시장은 철저한 담보의 세계다. 일반 개인 투자자는 담보가 없으니 서류로 자신을 증명해야 한다. 하지만 K 회장 같은 공인에게는 평판이라는 가장 강력한 담보가 있다.

경제학의 게임 이론을 적용해 보자. K 회장이 고작 500억 원을 먹튀한다고 가정해 보자. 그 사실이 알려지는 순간, 그가 가진 그룹사의 주가는 폭락할 것이고, 그의 사회적 지위는 매장당할 것이다. 그 손실액은 500억 원의 수십, 수백 배에 달한다. 따라서 합리적인 인간이라면 절대 사기를 칠 수 없다. 이것이 바로 평판 리스크가 작동하는 원리다.

4. 맨데이트의 자격: 방패를 쓰는 법

변호사는 규정을 지키는 게 직업이지만, 맨데이트는 딜을 성사시키는 게 직업이다. 변호사가 법이라는 방패를 들고 서 있다면, 맨데이트는 그 방패를 들고 앞으로 나아가 길을 뚫는 지휘관이어야 한다. 무조건적인 원칙 준수는 아마추어다. 리스크가 없는 곳에서는 과감하게 절차를 생략하고, 리스크가 있는 곳에서는 집요하게 파고드는 것. 서류가 아닌 사람의 그릇을 보고 담보를 설정할 줄 아는 안목. 그것이 AI나 스마트 컨트랙트가 영원히 대체할 수 없는, 인간 맨데이트만의 고유한 영역이었다.

맨데이트의 이러한 판단은 불법이 아니다. 국제자금세탁방지기구(FATF) 역시 '위험 기반 접근법(RBA)'을 권장한다.

- **개념** : 모든 고객에게 똑같은 강도의 검사를 하는 것이 아니라, 위험도에 따라 차등을 두라는 원칙.

- **고위험군** : 출처가 불분명한 개인, 정치적 주요 인물(PEP) → 강화된 고객 확인(EDD) 필요.

- **저위험군** : 투명하게 공개된 상장사, 신원이 확실한 공인 → 간소화된 고객 확인(SDD) 가능. 즉, "알아서 처리하겠다"는 맨데이트의 판단은 감에 의존한 것이 아니라, RBA 원칙을 비즈니스적으로 가장 세련되게 적용한 고도의 금융 기법인 셈이다.

1. 수수료가 아까운 바이어

어느 날, 한국의 한 자산가가 나를 찾아왔다. 그는 500억 원 규모의 비트코인을 매수하고 싶어 했고, 나는 그를 위해 글로벌 대형 거래소의 OTC 데스크를 연결해 주었다. 거래소는 까다롭기로 유명하지만, 나(맨데이트)라는 '신뢰 파이프라인'이 중간에 끼어 있었기에 간소화된 절차(Simplified Due Diligence)로 물량을 배정해 주기로 합의된 상태였다.

그런데 계약 직전, 바이어가 돌연 잠적했다. 알고 보니 그는 "중개 수수료 3%가 아깝다"며 내 뒤통수를 치고, 거래소 측 담당자에게 직접 연락(Back-door)을 시도한 것이었다.

"내가 양 대표보다 돈도 많고 물량도 큰데, 나랑 직접 하시죠. 수수료도 아끼고 좋지 않습니까?"

2. 거래소의 FM(Field Manual) 폭격

그는 몰랐다. 거래소가 그를 받아준 건 그의 돈 때문이 아니라, '나(맨데이트)의 보증' 때문이었다는 것을. 나라는 신용 필터가 사라지자, 거래소의 태도는 180도 돌변했다. 그들은 바이어를 '검증되지 않은 개인'으로 분류하고, FM(정석)대로의 컴플라이언스 폭격을 시작했다.

> "직접 거래하시겠다고요? 좋습니다. 그럼 규정대로 하겠습니다."
>
> "최근 3년 치 소득금액증명원, 500억 자금의 최초 형성 과정에 대한 소명 자료, 그리고 본인과 직계 가족의 범죄 경력 조회서까지 영문 공증받아 제출하십시오. 심사 기간은 3개월입니다."

바이어는 패닉에 빠졌다. 한국의 부자들 중 500억 현금의 꼬리표를 100% 투명하게, 그것도 영문으로 소명할 수 있는 사람은 거의 없다. 맨데이트가 중간에서 융통성 있게 조율해주던 '완충지대'가 사라지자, 그는 맨몸으로 규제의 칼날을 맞아야 했다.

3. 돌아온 탕아는 받아주지 않는다

일주일 뒤, 바이어에게서 다시 연락이 왔다. 목소리는 다급했다. "양 대표, 내가 실수했네. 수수료 3%... 아니 4% 줄 테니 다시 좀 연결해 주게. 거래소 놈들이 말이 안 통하네."

나는 정중하게 거절했다.

"회장님, 죄송하지만 버스는 떠났습니다. 저희는 신뢰를 깬 파트너와는 거래하지 않는 것이 원칙입니다."

이것은 자존심 싸움이 아니다. 한 번 신뢰를 깬 사람은 위급 상황에서 또다시 룰을 어길 시한폭탄이기 때문이다. 그는 결국 500억을 들고도 아무것도 사지 못했다. 맨데이트의 수수료는 단순한 소개비가 아니다. 그것은 규제의 벽을 넘게 해주는 '통행료'이자, 복잡한 문제를 해결해 주는 '솔루션 비용'이다.

한국형 OTC의 덫
: '3자 사기(Triangular Fraud)'의 두 얼굴

OTC 시장에서 가장 악랄한 범죄는 총을 든 강도보다, 웃으며 다가오는 '중개인'이다. 이들은 바이어와 셀러 사이에서 양쪽의 눈과 귀를 가리고, 서로가 서로를 공격하게 만든다. 이것이 바로 악명 높은 '3자 사기(Triangular Fraud)'다. 이 사기는 돈이 오가는 통로(계좌 vs 현금)에 따라 두 가지 치명적인 형태로 진화했다.

Type A. 온라인의 덫: 계좌가 얼어붙는 악몽

1. **사건의 재구성** : 사라진 중개인 C 한국의 강남 테헤란로. 비트코인 10억 원을 팔려는 셀러(A)와 사려는 바이어(B)가 있다. 이들은 서로 일면식이 없지만, 텔레그램 속 중개인(C)이라는 인물을 통해 연결되었다. C는 양쪽에게 거짓말을 한다.

- 셀러(A)에게: "내 지인이 10억 원어치 산다고 합니다. 입금자

명은 'B'로 찍힐 겁니다."

- 바이어(B)에게: "내 지인이 10억 원어치 판다고 합니다. 코인은 제가 받아서 넘겨드릴 테니, 일단 돈은 저(C)한테 보내지 마시고, 셀러(A) 계좌로 직접 쏘세요. 안전하죠?"

2. **실행** : 완벽한 착각 바이어(B)는 안심하고 셀러(A)의 계좌로 10억 원을 송금한다.

- 바이어의 착각 : "셀러 계좌로 직접 보냈으니 먹튀는 없겠지."

- 셀러의 착각 : "어? 'B' 이름으로 10억이 들어왔네? C 말이 맞구나." 돈을 확인한 셀러는 약속된 대로 코인을 중개인(C)의 지갑으로 전송한다. 그 순간, C는 잠적한다.

3. **파국** : 피해자끼리의 소송 전쟁 남은 것은 돈을 보낸 바이어와, 돈을 받고 코인을 뺏긴 셀러뿐이다. 바이어는 코인을 못 받았으니 셀러를 '부당이득 반환'으로 고소하고, 셀러의 계좌를 '보이스피싱/사기 계좌'로 신고해 동결시킨다. 셀러는 졸지에 범죄자가 되어 모든 금융 거래가 막히고, 바이어는 돈을 찾기 위해 수년간 재판을 해야 한다. 정작 돈을 챙긴 놈(C)은 이미 해외로 떴다.

Type B. 현장의 덫: 인력거(Runner)의 비극

1. **무대 설정** : "서로를 직원으로 착각하다" 온라인 송금이 막히자, 사기꾼들은 현금 박치기(Cash Deal) 현장으로 넘어왔다. 호

텔 로비에 마주 앉은 셀러(A)와 바이어(B). 이들은 중개인(C)의 각본에 따라 서로를 '결정권 없는 직원(Runner)'이라고 믿고 있다.

- C의 지령: "상대방은 그저 심부름꾼입니다. 말 섞지 마시고, 물건 확인되면 코인은 저(C)한테 쏘세요."

2. **실행과 파국** : 멱살잡이 바이어(B)가 5만 원권 현금 뭉치를 보여주자, 셀러(A)는 안심하고 중개인(C)에게 코인을 전송한다. 전송이 끝나고 셀러가 현금 가방을 챙기려 할 때, 바이어가 손목을 낚아챈다. "무슨 소리야? 내 지갑엔 코인이 안 들어왔는데? 본사(C)에서 쏴준다며?" 현장은 순식간에 아수라장이 된다. "돈 내놔!" vs "코인 내놔!" 경찰이 출동하지만 해결책은 없다. 셀러는 코인을 날렸고, 바이어는 돈을 줄 수 없다. 현장의 불신이 물리적 충돌로 비화되는 순간이다.

[맨데이트의 솔루션] 3자 사기를 죽이는 단 하나의 질문

이 지긋지긋한 사기극을 끝내는 방법은 'KYC 매칭(Matching)'뿐이다. 송금하는 사람(Sender), 돈 받는 사람(Receiver), 그리고 코인을 받는 지갑의 주인(Wallet Owner). 이 셋이 동일인이어야 한다.

나는 미팅 시작 전, 상대방의 눈을 보고 반드시 묻는다.

"당신, 결정권자입니까? 아니면 심부름꾼입니까?"

그리고 선언한다.

"나는 제3자 지갑으로 쏘지 않습니다.

‘사촌 동생’, ‘직원’, ‘본사’ 계좌는 허용하지 않습니다. 오직 당신 명의의 지갑으로만 거래합니다.”

이 원칙 하나면, 보이지 않는 조종사 C의 각본은 산산조각 난다.

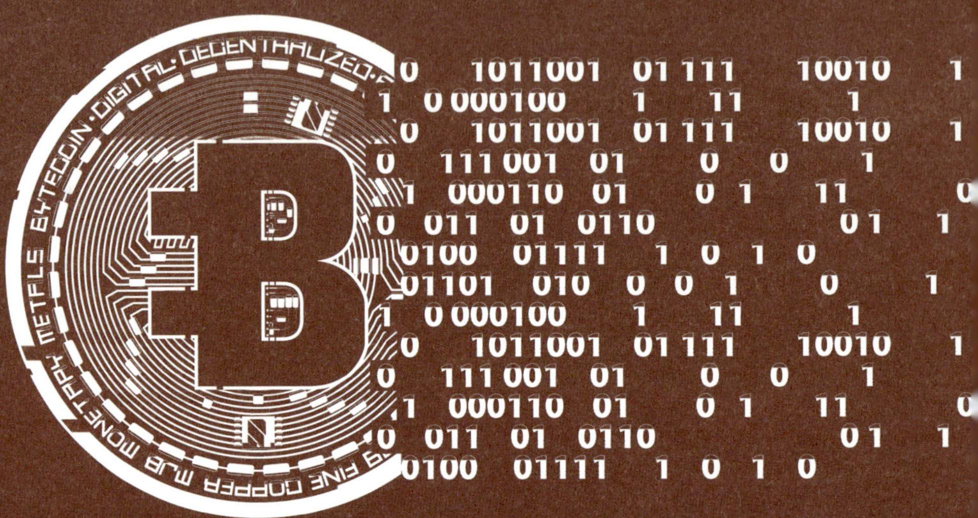
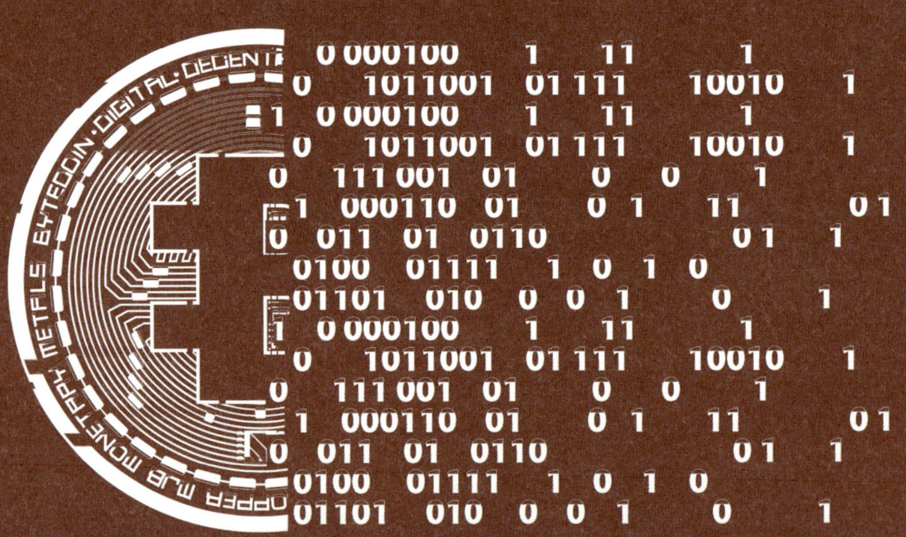

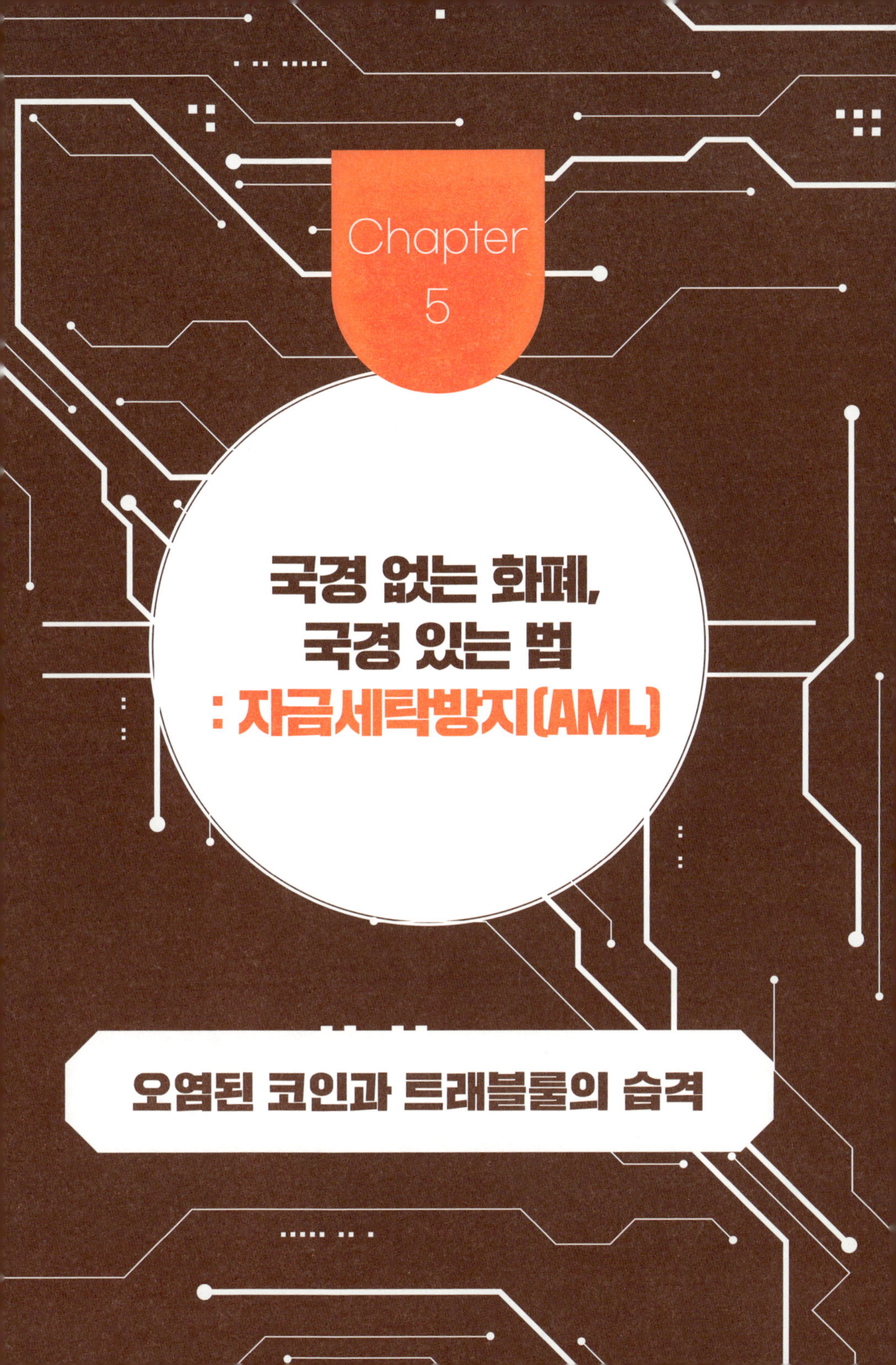

Chapter
5

국경 없는 화폐,
국경 있는 법
: 자금세탁방지(AML)

오염된 코인과 트래블룰의 습격

1. 멈춰버린 100억: "입금이 거절되었습니다"

2019년의 어느 날, 평소처럼 싱가포르 거래소에서 한국의 대형 거래소로 비트코인을 전송했을 때였다. 평소라면 10분 내에 도착 알림이 떠야 했지만, 1시간이 지나도 감감무소식이었다. 블록체인상에서는 분명히 전송이 완료되었다. 하지만 한국 거래소 앱의 내 자산 내역에는 아무것도 뜨지 않았다. 대신 낯선 번호로 전화가 걸러왔다.

"고객님, 자금세탁방지팀입니다. 방금 해외에서 입금된 100 BTC, 입금 처리가 보류되었습니다."

"네? 블록체인에서는 들어갔는데요?"

"네, 지갑에는 들어왔지만 고객님 계정에는 반영해 드릴 수 없습니다. 보내신 분의 신원 정보와 송금 목적을 증명하지 못하

머리를 한 대 맞은 것 같았다. 비트코인은 본래 P2P 전자 화폐다. 중개인 없이, 허락 없이 전송할 수 있는 게 핵심이다. 그런데 거래소가 내 돈을 인질로 잡고 “당신이 누구냐”고 묻기 시작한 것이다. 그날이 바로 전 세계 핀테크 업계를 뒤흔든 트래블룰의 공습이 시작된 날이었다.

2. 자금에 국적이 생기다

국제자금세탁방지기구(FATF)가 내린 지침은 단순하지만 강력했다. “가상자산을 전송할 때도, 은행 송금처럼 보내는 사람과 받는 사람의 실명 정보를 꼬리표처럼 붙여서 보내라.” 이것은 기술적으로 엄청난 모순이었다. 블록체인 주소는 난수일 뿐, 거기엔 이름도 주민번호도 없다. 익명성이 생명인 기술에 실명이라는 족쇄를 채우라는 명령이었다.

2019년 국제자금세탁방지기구(FATF)의 권고 이후, 한국은 그 어느 나라보다 빠르고 강력하게 트래블룰을 도입했다. 2022년 3월부터 특금법을 통해 거래소 간 자금 이동을 엄격히 통제하기 시작한 것이다.

초기에는 법령에 따라 ‘100만 원 이상’의 송금에만 규제가 적용되었다. 하지만 2025년 11월, 금융위원회는 자금세탁 방지 강화를 위해 이 트래블룰 기준을 ‘100만 원 이하’로 확대하겠다고 천명했다. 이에 발맞춰 거래소들 역시 자체 약관을 통해 금액과 상관없이 화이트리스팅된 지갑이 아니면 단돈 1원의 출금도 사실상 불가능하게 만들었다. 이제 '몰래 보낼 수 있는 소액'이란 존재하지 않는다. 모든 자금 이동에는 꼬리표가 붙는다.

그 결과, 우리는 기이한 현상을 목격했다. 내 지갑에 있는 내 돈을 옮기는 데 허락이 필요해진 것이다. 국경이 없다던 비트코인에 국적이 생겨버렸다. 한국 코인, 미국 코인, 싱가포르 코인이 따로 노는 파편화의 시대가 열린 것이다.

물론 한국만 유별난 것은 아니다. 우리가 매를 먼저 맞았을 뿐이다. 2024년부터 EU(유럽연합) 역시 트래블룰을 의무화하며 뒤따르고 있다. 이제 자금 추적은 거스를 수 없는 글로벌 표준이 되었다.

3. 서류 전쟁: 맨데이트의 새로운 무기

OTC 현장은 패닉에 빠졌다. 과거에는 '가격 잘 쳐주는 곳'을 찾는 게 맨데이트의 능력이었다. 하지만 트래블룰 이후, 가격은 의미가 없어졌다. 돈이 묶이면 아무 소용 없기 때문이다. 이제 맨데이트의 핵심 역량은 길을 뚫는 것이 되었다. 수백억 원의 자금을 움직이려면 단순히 코인만 보내는 게 아니라, 이 자금의 족보를 증명하는 서류 전쟁을 치러야 했다.

나는 변호사들과 밤을 새워 서류 뭉치를 만들었다. 자금 원천 증명서, 거래 경위서, 거래 상대방 신원 확인서. 한국의 거래소가 "규정상 안 됩니다"라며 문을 닫아걸 때, 싱가포르의 OTC 데스크는 다른 태도를 보였다. "이 서류들 가져오시면 길을 열어드리겠습니다." 그들은 규제를 안 하는 게 아니었다. 규제의 예측 가능성을 제공했다. 우리는 깨달았다. 자본은 물과 같아서, 막힌 곳을 피해 흐를 수 있는 곳으로 이동한다는 것을.

[Deep Dive] 트래블룰 2.0: 화이트리스트의 벽

2022년 3월, 한국이 트래블룰을 시행했을 때 시장은 혼란 그 자체였다. "내 돈을 내 지갑으로 보내는데 왜 막느냐"는 아우성이 빗발쳤다. 하지만 2025년 현재, 트래블룰은 이제 거스를 수 없는 '상수(Constant)'가 되었다.

과거에는 "누가 보내느냐(Who)"만 중요했다면, 이제는 "어디서 보내느냐(Where)"가 핵심이다. 국내 거래소들은 해외 거래소들을 신용도에 따라 등급을 매기고, 검증되지 않은 거래소나 미등록 개인 지갑에서의 입금을 원천 차단하는 '화이트리스트(Allow-list)' 정책을 강화하고 있다.

이에 따라 맨데이트의 역할도 바뀌었다. 과거에는 연동 솔루션(VerifyVASP vs Code)을 따지는 게 일이었다면, 이제는 "고객님의 해외 지갑이 국내 거래소의 화이트리스트에 등재되어 있는지"를 사전에 검증하고, 만약 등재되지 않은 '듣보잡' 거래소라면 안전한 우회로를 설계하는 것이 핵심 역량이 되었다. 이제 검증 없는 송금은 시도조차 할 수 없다.

1. 거절(Reject): 맨데이트가 듣는 가장 무서운 말

OTC 거래를 하면서 맨데이트가 가장 두려워하는 순간은 언제일까? 호텔 방문을 열고 강도가 들어올 때? 아니다. 그건 차라리 몸으로 때우면 된다. 진짜 공포는 거래소나 수탁 업체로부터 이 메일을 받을 때다.

[Compliance Alert : Deposit Rejected / Account Frozen]
(준법 감시 알림: 입금 거절 / 계좌 동결)

우리는 비트코인에 꼬리표가 없다고 생각한다. 내가 가진 1 BTC와 네가 가진 1 BTC는 똑같은 가치를 지닌다고 믿는다. 하지만 틀렸다. 디지털 세상에는 눈에 보이지 않는 꼬리표, 주홍글씨가 존재한다. 싱가포르의 제도권 뱅커들은 체이널리시스나 TRM Labs 같은 고가의 온체인 데이터 분석 툴을 신의 눈처럼 신봉한다. 이 툴들은 비트코인이 생성된 순간부터 지금까지 이동한 모든 경로를 추적하고 기억한다.

"미스터 양, 보내신 물량 중 50 BTC에 3년 전 '다크웹' 마약 거래에 사용된 이력이 섞여 있습니다. 그리고 10 BTC는 북한 해킹 그룹과 연관된 지갑을 스쳐 지나갔군요."

이 통보를 받는 순간, 그 지갑에 들어있는 수백억 원은 자산이 아니라 핵폐기물이 된다. 그 누구도 받아주지 않고, 현금화할 수도 없는 디지털 쓰레기. 이것이 바로 오염된 코인의 저주다.

2. 라자루스^(Lazarus)의 함정: 독이 든 성배

업계에는 "시세보다 20% 싸게 주겠다"는 은밀한 제안들이 떠돈다. 탐욕에 눈이 먼 초보 브로커들은 덥석 문다. 하지만 유능한 맨데이트는 본능적으로 안다. "이유 없는 할인은 없다." 그 싼 코인의 정체는 십중팔구 북한의 해킹 그룹 '라자루스'가 탈취한 자금이다. 그들은 전 세계 거래소와 디파이 브릿지를 해킹해 수조 원을 훔친 뒤, 추적을 피하기 위해 믹서를 돌리고 쪼개서 OTC 시장에 던진다.

만약 이 코인을 검증 없이 딜에 태운다면? 단순히 "재수가 없었다"로 끝나지 않는다. 거래에 사용된 지갑 주소는 즉시 전 세계 금융기관의 블랙리스트에 공유된다.. 그리고 미국 재무부 해외자산 통제국(OFAC)의 감시망에 걸려든다. 이것은 3대가 멸문지화를 당하는 것과 같다. 당신의 거래소 계정은 영구 삭제되고, 은행 계좌는 동결되며, 향후 달러(USD)를 사용하는 모든 금융 거래에서 퇴출당한다. 북한산 코인을 잘못 만진 맨데이트는 금융적으로 사형 선고를 받는다. 러시아 관련 자금을 받았다가 고객의 지갑이 얼어버려 소송에 휘말린 맨데이트의 사연을 나는 알고 있다.

3. 러시아의 비자금: 테더(USDT)는 보고 있다

우크라이나 전쟁 이후, 또 하나의 기피 대상이 생겼다. 바로 러시아다. 제재를 피하려는 러시아 올리가르히들의 거대 자금이 OTC 시장을 기웃거린다. 그들은 주로 비트코인보다 쓰기 편한 테더(USDT)를 선호한다. 하지만 명심해야 할 것이 있다. 비트코인은 탈중앙화되어 있지만, 테더나 서클(USDC) 같은 스테이블코인은 철저히 '중앙화'된 회사라는 점이다. 테더사는 당신의 지갑 비밀번호(Private Key)를 모른다. 따라서 지갑 자체를 폐쇄할 수는 없다. 하지만 그들은 더 무서운 권한을 가지고 있다. 테더(USDT)의 스마트 컨트랙트 코드에는 발행사(Owner)가 특정 주소의 자산을 묶어버릴 수 있는 '자산 동결(Freeze Asset)' 함수가 심어져 있기 때문이다.

미국 법무부의 요청이 떨어지면, 테더사는 버튼 하나로 당신의 지갑을 '블랙리스트'에 올린다. 그 순간 지갑 안의 1,000억 원은 그 누구에게도 보낼 수 없는 '디지털 돌덩이'가 되어버린다.

실제로 2023년 이스라엘-하마스 분쟁 당시, 테더사는 법 집행

기관의 요청으로 수십억 달러 규모의 관련 지갑을 단숨에 동결시켰다. 중앙화된 스테이블코인은 언제든 당신의 지갑을 잠글 수 있는 '킬 스위치'를 가지고 있다

4. 온체인 탐정: 만남의 자격

그래서 맨데이트는 '온체인 탐정'이 되어야 한다. 1,000억 원 딜이 들어오면, 나는 가장 먼저 상대방의 지갑 주소를 요구한다. 그리고 이 주소를 KYT(Know Your Transaction) 분석 툴에 넣고 돌린다.

중요한 것은 이 모든 과정이 반드시 '대면 미팅 전'에 이루어진다는 점이다. 화면에 복잡한 거미줄 같은 자금 이동 경로가 뜬다. 나는 현미경을 들이대듯 그 경로를 추적한다. 자금의 원류가 평양이나 모스크바에 닿아 있는지 확인한다.

잠시 후, 모니터 화면에 경쾌한 알림음 대신 섬뜩한 적색 경고창이 뜬다.

[RISK LEVEL: CRITICAL (심각)]

[Category: Sanctions (OFAC), Darknet Market]

[Exposure: Direct (직접 연관)]

숫자는 필요 없다. 이 'CRITICAL'이라는 단어 하나면 충분하다. 만약 이런 경고등이 뜨면? 나는 뒤도 돌아보지 않고 연락을 끊는다.

"죄송합니다. 이 딜은 진행할 수 없습니다. 컴플라이언스 팀에서 거절(Reject)했습니다."

아예 미팅 약속조차 잡지 않는다. 오염된 자금을 가진 사람과 한 공간에 있었다는 사실만으로도 맨데이트의 평판은 위험해질 수 있다. 이것은 도덕성의 문제가 아니라, 냉혹한 시장에서 살아남기 위한 '생존의 문제'다.

1. 비트코인에도 '족보'가 있다

202X년, 싱가포르의 한 기관 전용 프라이빗 라운지. 월스트리트 출신의 헤지펀드 매니저가 위스키 잔을 흔들며 나에게 은밀한 주문을 넣었다.

"미스터 양, 우리 펀드는 청정 코인(Clean UTXO)만 매집합니다. 시장가보다 5% 프리미엄을 더 쳐드리겠습니다. 물량 구해줄 수 있습니까?"

일반 투자자들은 이 말을 이해하지 못할 것이다. 경제학 교과서에서는 화폐의 기본 성질로 '대체 가능성(Fungibility)'을 가르친다. 내 지갑 속 1만 원과 네 지갑 속 1만 원은 가치가 같아야 하고, 서로 바꿔도 아무 문제가 없어야 한다는 뜻이다.

하지만 규제(Regulation)가 들어오는 순간, 크립토 시장에서 이 공식은 산산조각 났다. 블록체인은 잔인할 정도로 투명하다. 모든 코인의 이동 경로를 영구히 기록한다. 즉, 모든 비트코인에는 태어난 순간부터 지금까지 누구의 손을 거쳐왔는지 적힌 '족보'가 존재한다.

기관 투자자들은 이제 그 족보를 따지기 시작했다. 그들에게 1 BTC는 다 같은 1 BTC가 아니다.

2. 가장 깨끗한 돈: 코인베이스 아웃풋 (Coinbase Output)

그렇다면 그들이 찾는 청정코인 '이란 무엇인가?

"이것은 채굴자가 작업증명(Proof of Work)[1]을 완료하고 블록 보상으로 막 받아낸 직후, 단 한 번도 다른 주소로 전송되거나 섞이지 않은 '갓 태어난 코인'을 말한다. (※ 주의: 여기서 '코인베이스(Coinbase)'는 미국 거래소 이름이 아니라, 비트코인 프로토콜에서 채굴 보상 트랜잭션을 지칭하는 기술 용어다.)"

이 코인이 비싼 이유는 단순하다. 무결성(Integrity) 때문이다. 이 코인의 역사에는 마약 거래의 흔적도, 해킹의 역사도, 북한 해커의

---

1. '작업증명'이란 특정 난이도 조건을 만족하는 해시값을 찾기 위해 채굴기가 무수히 많은 연산을 수행하는 과정이다. 흔히 '수학 문제를 푼다'고 표현하지만, 실제로는 정답이 나올 때까지 무작위 숫자를 대입하는 '무차별 대입(Brute Force)' 방식이다. 이 고된 노동의 대가가 바로 코인베이스 아웃풋이다.

자금 세탁 얼룩도 없다. 말 그대로 디지털 세상에서 가장 순수한 상태다. 블록체인상 첫 번째 트랜잭션이기에 이전 주인이 존재하지 않는다.

기관 투자자들은 웃돈을 주면서까지 이 코인을 원한다. 나중에 미국 증권거래위원회(SEC)나 감사인이 자금 출처를 물었을 때, 가장 확실한 면죄부가 되기 때문이다.

"이 코인은 채굴장에서 바로 왔습니다."

이 한마디면 수백 페이지의 소명 자료를 대체할 수 있다. 그들이 지불하는 5%의 프리미엄, 그것은 코인 값이 아니라 '규제 리스크 헷지(Hedge) 비용'이다.

3. 오염된 돈의 최후: 디스카운트 마켓

반대의 경우도 있다. 족보가 더러운 코인들이다. 다크웹에서 마약 구매에 사용됐던 코인, 거래소 해킹 때 탈취된 코인, 믹서(Mixer)를 통과해 출처를 알 수 없는 코인… 이런 '오염된 코인(Tainted Coin)'들은 시장에서 천덕꾸러기 취급을 받는다.

제도권 거래소(CEX)는 입금을 거부하고, 은행은 환전을 거절한다. 결국 이 코인들은 양지에서 쫓겨나 음지의 P2P 시장으로 흘러 들어 간다. 그곳에서는 시장가보다 10%~20% 할인된 가격에 거래된다.

같은 1 BTC인데, 누구는 1억 500만 원(Clean)에 팔고, 누구는 8,500만 원(Tainted)에 판다. 이 2,000만 원의 가격 차이. 그것이 바로 법(Law)이 만들어낸 보이지 않는 장벽의 높이다.

4. 맨데이트의 역할: 위조지폐 감별사

그래서 규제 시대의 유능한 맨데이트는 이제 단순한 '가격 협상가'가 아니다. 우리는 '위조지폐 감별사'가 되어야 한다.

나는 딜이 들어오면 현미경을 들이대듯 코인의 족보를 분석한다. 채굴 시점이 언제인지, OFAC 제재 리스트와 연관된 주소를 스친 적은 없는지, 믹서 사용 흔적은 없는지. 온체인 데이터 분석 툴을 돌려 리스크 점수를 산출한다.

고객에게 "이 코인은 깨끗합니다"라고 보증할 수 있는 능력. 그것이 청정 코인에 붙은 5% 프리미엄 중 절반을 내가 성공 보수로 가져갈 수 있는 근거다.

기술은 비트코인을 만들었지만, 그 가치를 결정하는 것은 결국 제도였다.

1. 코인 부자, 현금 거지

싱가포르의 고급 레스토랑. 내 앞에는 수천억 원대의 비트코인을 보유한 초기 투자자가 앉아 있다. 그는 메뉴판을 보며 한숨을 쉬었다.

"미스터 양, 계산은 자네가 좀 해주게. 내 카드가 또 정지됐어."

아이러니한 풍경이다. 전자 지갑에는 평생 써도 못 다 쓸 디지털 자산이 들어있지만, 정작 현실 세계의 신용카드는 막혀 있는 상황. 이것이 바로 가상자산 시장의 고질병인 유동성 함정이다. 우리는 흔히 "비트코인이 미래의 화폐"라고 말한다. 하지만 냉정하게 말해, 아직 비트코인으로 세금을 낼 수도, 밥을 먹을 수도 없다. 결국 현실 세계를 살아가려면 코인을 팔아 법정화폐(Fiat Money)로 바꿔야 한다. 코인 시장이 커질수록 역설적으로 더 귀해지는 것은 비트코인이 아니라, 깨끗한 달러다.

2. 바늘구멍 통과하기: 오프 램프의 고통

업계 용어로 현금화를 오프 램프(Off-ramp)라고 부른다. 문제는 전 세계 은행들이 이 진출로에 바리케이드를 치고 있다는 점이다. 싱가포르에서 100억 원어치 비트코인을 팔아 현금을 받기로 했다고 치자. 갑자기 내 통장에 100억이 찍히면, 은행의 AI 감시 시스템이 적색경보를 울린다. 계좌는 즉시 동결되고, 담당 뱅커에게서 전화가 온다. "고객님, 소명 자료 제출 전까지 출금이 제한됩니다." 이때부터 맨데이트의 진짜 전쟁이 시작된다. 우리는 은행 준법감시인의 질문에 답해야 한다. "이 자금의 성격은 무엇입니까?", "거래 상대방은 누구입니까?", "5년 전 매입 기록을 증명하십시오." 거래소 폐업으로 데이터가 사라졌다면? 소명 불가다. 그러면 돈은 묶이고, 계좌는 강제 해지당한다. 돈은 내 것이지만, 은행이 허락하기 전까진 내 것이 아니다.

3. 서류의 무게가 곧 돈의 무게다

그래서 맨데이트는 '서류 기술자'가 되어야 한다. 나는 딜 하나를 성사시키기 위해 전화번호부 두께만 한 서류 뭉치를 만든다. 자금 원천 증명, 거래 증명, 무결성 증명. 싱가포르의 은행들이 한국보다 나은 점은 딱 하나다. 한국은 "코인이라서 안 됩니다"라고 무조건 거절하지만, 싱가포르는 "이 서류들이 완벽하다면 받아주겠다"는 것이다. 우리가 은행 창구에 제출하는 것은 종이 뭉치가 아니다. 그것은 우리 자산의 시민권 신청서다. 디지털 세상의 망명자가 제도권 금융의 시민으로 받아들여지는 절차. 이 까다로운 심사를 통과해야만 비로소 현금화라는 달콤한 열매를 맛볼 수 있다.

4. 진정한 엑시트

모든 검증이 끝나고, 은행 앱의 잔고가 늘어나는 순간. 그제야 비로소 안도의 한숨을 내쉰다. "축하합니다. 이제 이 돈은 건물도 살 수 있고, 세금도 낼 수 있는 진짜 돈이 되었습니다." 탈중앙화를 외치며 시작된 혁명이, 가장 중앙화된 은행 시스템의 도장을 받아야만 비로소 완전한 자산으로 인정받는 아이러니. 하지만 이것이 현실이다. 100억 비트코인을 가진 자보다, 10억 현금을 가진 자가 더 강력한 유동성을 가진다. OTC 시장의 최종 목적지는 비트코인을 더 많이 모으는 것이 아니다. 비트코인을 가장 안전하게, 가장 합법적인 법정화폐로 바꾸는 것이다.

[Deep Dive] 테더(USDT)는 달러가 아니다
: 디지털 약속어음(IOU)의 한계

우리는 편의상 1 USDT를 1달러라고 부르지만, 금융공학적으로 둘은 완전히 다른 존재다.

1. **디지털 IOU (Promissory Note)** : 테더는 국가가 보증하는 법정화폐(Legal Tender)가 아니다. 민간 기업인 테더 리미티드(Tether Limited)가 발행한 '디지털 약속어음(IOU)에 가깝다. "이 토큰을 가져오면 나중에 1달러로 바꿔줄게"라는 민간 기업의 약속일 뿐이다.

2. **신용의 차이** : 국가 vs 기업 테더사는 1 USDT당 1달러 상당의 준비금(현금, 국채 등)을 보유하고 있다고 주장한다. 하지만 이것은 중앙은행의 지급 보증이 아니라, 일개 기업의 신용에 의존하는 구조다. 기업이 망하거나 계좌가 동결되면 1달러 교환 약속은 휴지 조각이 될 수 있다.

3. **디페깅(De-pegging)의 공포** : 이 리스크가 현실화된 적이 있다. 2022년 5월, 알고리즘 스테이블코인인 UST(테라USD)가 붕괴하던 당시, 공포에 질린 시장 참여자들이 테더를 투매하자 테더 가격이 일시적으로 0.95달러까지 추락(De-pegging)했다. 1,000억 원을 들고 있는데 50억 원이 순식간에 증발한 셈이다. 이 사건은 "위기의 순간에 믿을 것은 오직 Fiat(법정화폐)뿐"이라는 교훈을 남겼다.

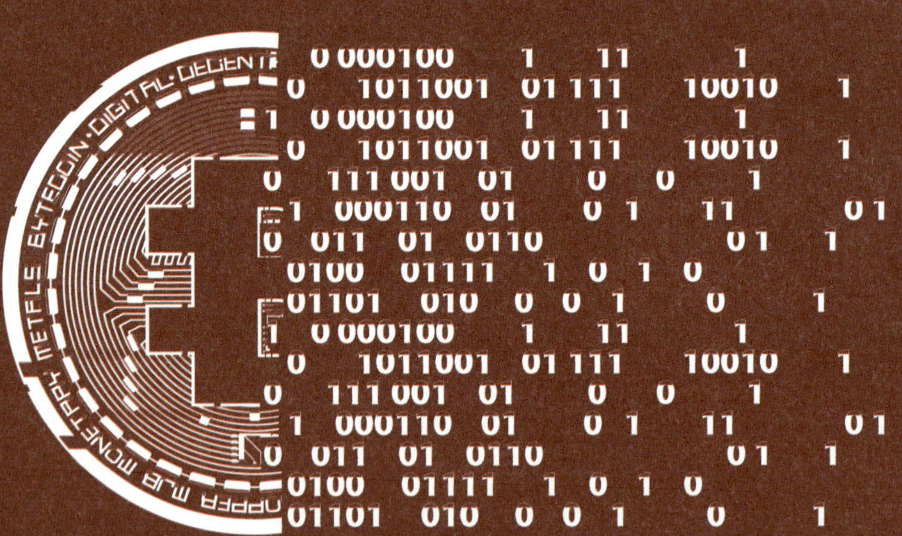

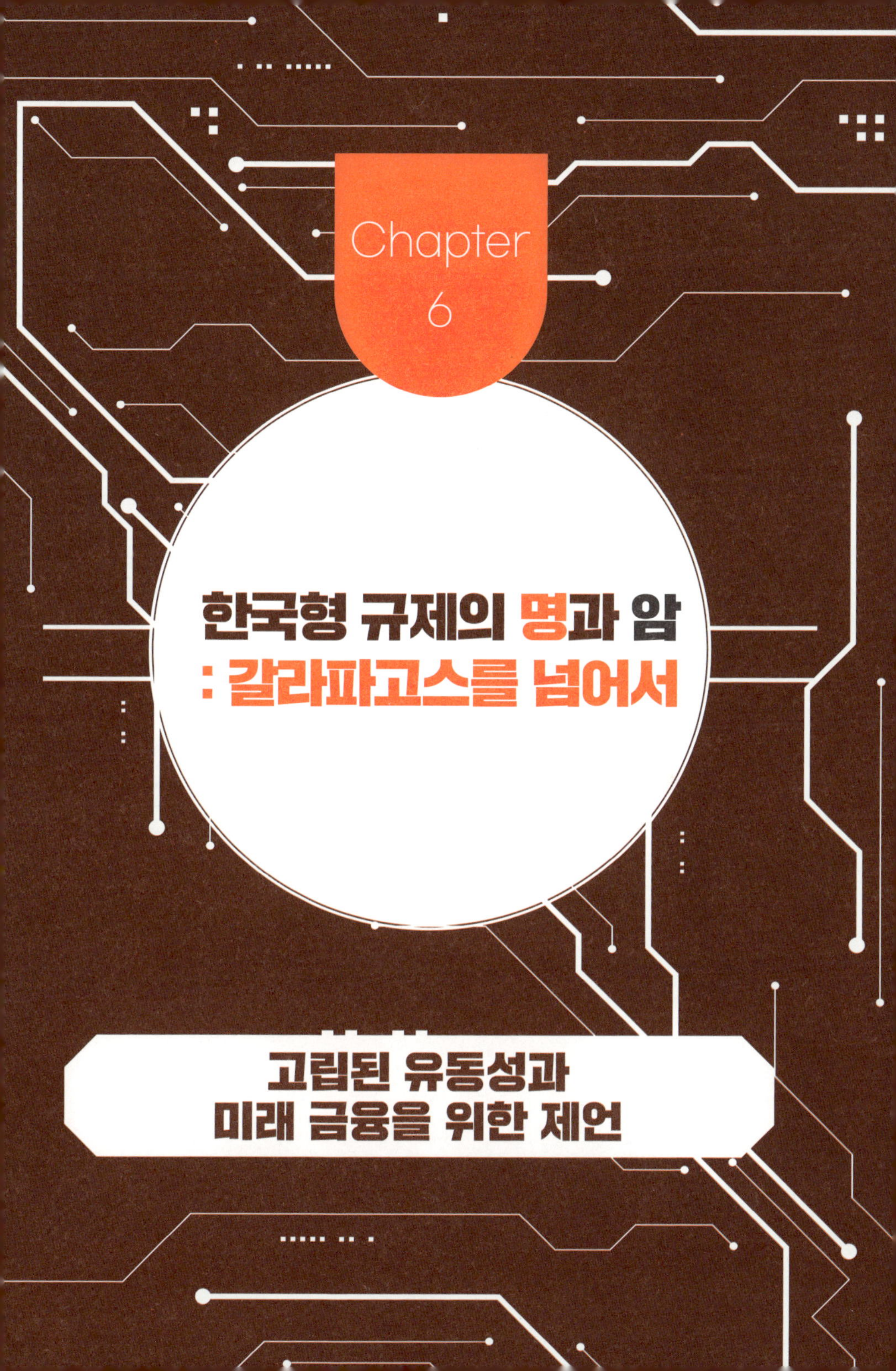

Chapter
6
한국형 규제의 명과 암
: 갈라파고스를 넘어서
고립된 유동성과
미래 금융을 위한 제언

김치 프리미엄
: 투기가 아니라 '비용'이다

1. 싱가포르에서 바라본 '공짜 점심'

싱가포르의 트레이딩 룸에 앉아 있으면, 하루에도 수십 번씩 3번 모니터에 띄워진 김치 프리미엄 지표(Kimchi Premium Index)를 확인한다.

한국의 업비트 비트코인 가격이 바이낸스보다 5%, 때로는 10% 비싸게 거래되는 순간, 싱가포르의 트레이더들은 환호성을 지른다.

"한국 또 시작됐어! 프리미엄 7% 돌파!"

그들에게 이 숫자는 광기(Madness)가 아니다. 기회(Opportunity)다. 같은 물건이 저쪽 시장에서 10% 비싸게 팔린다면, 여기서 사서 저기에 팔면 무위험 차익을 얻을 수 있다. 경제학에서는 이를 아비트라지(Arbitrage, 차익거래)라 부르고, 트레이더들은 이를 공짜

점심(Free Lunch)이라 부른다.

하지만 그들은 곧 탄식한다. "아, 맞다. 한국은 돈을 못 빼지."

한국 시장은 매력적인 먹잇감이지만, 결코 잡을 수 없는 그림자다. 들어갈 수는 있어도 나올 수는 없는 개미지옥. 전 세계가 한국 시장을 바라보며 군침만 흘리는 사이, 그 비싼 가격(Premium)을 감당하는 것은 오로지 한국의 개인 투자자들뿐이다.

2. 댐 속에 갇힌 물: 가격 왜곡의 메커니즘

왜 유독 한국만 비쌀까? 한국 사람들이 더 탐욕스러워서? 천만의 말씀이다. 김치 프리미엄의 근본 원인은 '심리'가 아니라 '구조'에 있다.

시장을 물(Liquidity)에 비유해 보자. 미국과 싱가포르라는 바다의 수위가 100m(1비트코인=1억 원)인데, 한국이라는 호수의 수위만 110m(1비트코인=1억 1천만 원)로 높아졌다고 가정해 보자. 정상적인 자연 상태라면, 바닷물이 호수로 밀려 들어와 수위를 100m로 맞춰야 한다. 이것이 시장의 자정 작용이다.

하지만 한국은 이 호수 주변에 거대한 콘크리트 댐을 쌓았다. 바로 외국환거래법(Foreign Exchange Transactions Act)이라는 댐이다.

"가상자산 구매 목적으로 외화를 송금하는 것은 불법이다."

이 법 때문에 한국의 딜러들은 해외의 싼 비트코인을 사 올 수 없다. 공급이 수요를 따라가지 못하니 가격은 천정부지로 솟는다. 댐 안에 갇힌 물은 썩거나 넘치기 마련이다. 김치 프리미엄은 한국 시장이 글로벌 유동성 바다로부터 고립(Isolation)되어 있다는 증거이자, 그 폐쇄성이 만들어낸 기형적인 가격표다.

3. 차익거래의 실종: 환치기라는 낙인

물론 댐에도 구멍은 있다. 연간 10만 달러 미만의 소액 송금은 증빙 없이 가능하다. 그래서 과거에는 수많은 '보따리상(개인 차익거래자)'들이 가족과 지인의 명의를 빌려 해외로 돈을 보내고 코인을 사 왔다.

하지만 2025년 현재, 이 '개미 구멍'마저 막히고 있다. 최근 강화된 트래블룰 정책으로 거래소들이 소액 입금까지 원천 차단하고 있기 때문이다.

더 큰 문제는, 설령 이 구멍이 열려 있다 해도 시장 가격을 맞추기에는 턱없이 부족한 물량이라는 점이다. 수조 원 단위의 가격 괴리를 해소하려면 개미들의 보따리가 아니라, 기관(Institution)급의 전문적인 차익거래(Arbitrage)가 필요하다.

문제는 한국 금융 당국이 이러한 전문적인 차익거래를 '환치기(불법 외환 거래)'로 규정하고 엄단한다는 점이다. "해외에서 싸게 사서 한국에서 비싸게 팔아 외화를 벌어오겠다"는, 국가적으로는 이득이 될 수 있는 행위가 한국에서는 범죄가 된다.

합법적인 플레이어(기관)가 쫓겨난 자리를 차지한 것은 중국계 지하 은행과 조폭들이었다. 그들은 불법적인 경로로 김치 프리미엄을 따먹고, 그 수익을 세금 한 푼 내지 않고 해외로 빼돌린다. 결국 규제는 선량한 투자자를 보호한 것이 아니라, 음지의 포식자들에게 독점적인 사냥터를 제공한 꼴이 되었다.

4. 기울어진 출발선: -5%를 안고 뛰는 경주

이 구조적 모순의 피해자는 누구인가? 바로 당신, 한국의 개인 투자자다.

당신이 업비트에서 비트코인 매수 버튼을 누르는 순간, 당신은 전 세계 투자자들보다 5% 비싼 가격에 진입하게 된다. 1억 원을 투자했다면, 시작하자마자 500만 원을 손해 보고 들어가는 셈이다. 이를 만회하려면 남들보다 5% 더 수익을 내야 한다. 이것은 공정한 경주가 아니다. 발목에 모래주머니를 차고 우사인 볼트와 달리기 시합을 하는 것이다.

더 무서운 것은 역프리미엄(Negative Premium)이 발생할 때다. 글로벌 시세가 폭락하면 김치 프리미엄도 같이 꺼진다. 비트코인 가격 하락분(-10%)에 프리미엄 축소분(-5%)까지 더해져, 한국 투자자는 이중 손실(Double Whammy)을 입게 된다.

나는 맨데이트로서, 그리고 연구자로서 단언한다. 김치 프리미엄은 '투기의 징표'가 아니다. 대한민국 금융 시스템의 후진성이 청구하는 가혹한 비용(Cost)이다.

[Deep Dive] 효율적 시장 가설 (EMH)과 한국 시장

경제학의 '효율적 시장 가설(Efficient Market Hypothesis)'에 따르면,

모든 정보는 가격에 즉시 반영되며, 따라서 지속적인 초과 수익(차익거래 기회)은 존재할 수 없다. 가격 괴리가 생기면 즉시 아비트라지 세력이 들어와 가격을 맞추기 때문이다.

하지만 한국의 가상자산 시장은 이 가설이 통하지 않는 시장 실패(Market Failure)의 현장이다.

- **이유** : 자본 이동의 자유가 제한된 분절된 시장(Segmented Market)이기 때문.
- **결과** : 동일한 자산(비트코인)에 대해 서로 다른 가격(일물일가의 법칙 위배)이 장기간 유지됨.

노벨 경제학상을 받은 유진 파마(Eugene Fama) 교수가 한국의 김치 프리미엄 차트를 본다면, 아마 자신의 이론을 수정하거나 한국의 외국환거래법을 연구 주제로 삼을지도 모른다.

1. 빗장은 열렸으나 문턱은 여전하다

오랫동안 굳게 닫혀 있던 '법인 투자'의 문이 드디어 삐걱거리며 열리기 시작했다. 2025년 초, 금융 당국은 마침내 '법인 가상자산 시장 참여 로드맵'을 내놓았다. 굳게 닫힌 빗장이 1단계부터 서서히 풀리기 시작한 것이다. 우선 6월부터 대학이나 재단 같은 '비영리법인'이 기부받은 코인을 현금화할 수 있는 길이 열렸고, 하반기부터는 주권상장법인(코스피·코스닥 상장사)과 일부 전문투자자들이 투자·재무 목적으로 시장에 진입하는 2단계 시범 운영이 시작됐다. 하지만 샴페인을 터뜨리기엔 이르다. 삼성전자나 넥슨 같은 일반 법인의 전면적인 참여(3단계)는 여전히 '검토 중'이라는 꼬리표가 달려 있기 때문이다.

2. 테슬라는 되는데, 삼성전자는 안 된다?

이 그림자 규제는 명백한 역차별(Reverse Discrimination)을 낳는다. 미국의 테슬라(Tesla)나 마이크로스트래티지(MicroStrategy)를 보라. 그들은 회사 자산으로 수조 원어치의 비트코인을 매입해 재무제표(Balance Sheet)에 당당히 기재한다. 인플레이션 헤지 수단이자 미래 기술에 대한 투자인 셈이다. 주주들은 환호하고 주가는 오른다.

하지만 한국 기업은 어떤가? 삼성전자나 넥슨 같은 글로벌 기업이 비트코인을 사고 싶어도, 한국에서는 살 방법이 없다. 법인 계좌가 없으니 거래소 가입 자체가 불가능하다. 만약 사고 싶다면 해외 법인을 우회하거나, 대표이사 개인 명의를 빌려야 한다.

이는 곧 배임이나 횡령 이슈로 비화될 수 있는 위험한 줄타기다. 결국 한국 기업들은 글로벌 자산 배분 전쟁에서 손발이 묶인 채 구경만 해야 한다. 이것은 공정한 경쟁이 아니다. 외국 기업은 아스팔트 위를 달리는데, 한국 기업은 진흙탕 위를 달리는 기울어진 운동장이다.

3. 유니콘의 엑소더스: 황금알을 낳는 거위를 쫓아내다

이 불합리한 규제의 결과는 참혹하다. 한국에서 태어난 유망한 웹3(Web 3.0) 기업들이 생존을 위해 조국을 등지고 있다.

"한국에서는 매출을 현금화할 수 없으니, 싱가포르에 법인을 세우겠습니다."

"두바이에서는 법인세 혜택까지 주며 오라고 합니다."

내가 싱가포르 OTC 현장에서 만난 고객의 절반 이상이 이렇게 떠밀려온 한국 기업들이었다. 그들이 싱가포르에서 내는 법인세, 그들이 싱가포르 변호사에게 주는 수임료, 그들이 고용하는 인력. 이 모든 부가가치는 원래 한국의 것이어야 했다.

정부는 "투기 억제"와 "투자자 보호"를 명분으로 내세우지만, 실상은 산업 공동화(Hollowing-out)를 자초하고 있다. 황금알을 낳는 거위들을 "시끄럽고 관리하기 귀찮다"는 이유로 옆집 마당으로 쫓아내는 격이다.

4. 양지화(Legalization): 세금은 인프라의 대가다

2024년 12월 소득세법 개정으로 가상자산 과세 시점은 2027년 1월 1일로 잡혔다. 하지만 현장의 혼란은 여전하다. 스테이킹 보상은 이자인가? 에어드랍은 증여인가? 아직도 디테일한 과세 기준이 명확하지 않아, 업계에서는 '4차 유예' 가능성까지 조심스럽게 점치고 있다. 세금은 걷겠다면서 계산기는 주지 않는 격이다. 누군가는 이를 '부자 감세'라고 비판하지만, 현장의 시각은 다르다. 정부와 국회가 과세를 유예한 진짜 이유는, 아직 세금을 걷을 수 있는 징세 인프라와 시장 제도가 미비함을 스스로 시인했기 때문이다. 해외 거래소 소득 파악조차 안 되는 상황에서 세금부터 걷겠다는 건 징벌에 가깝다.

세금은 공짜가 아니다. 국가는 세금을 걷는 대신, 투자자에게

‘법적 보호’와 ‘거래의 자유’를 제공해야 한다. 2027년까지 남은 시간은 단순히 세금을 미뤄준 시간이 아니라, 정부가 그 ‘대가(인프라)’를 구축해야 하는 마지막 골든타임이다.

[Deep Dive] 일본의 사례: 세제 개편과 법인 육성

보수적이기로 유명한 일본조차 최근 태도를 180도 바꿨다. 기시다 내각은 'Web 3.0 백서'를 발표하며, 기업이 보유한 가상자산에 대한 ‘기말 평가익 과세(미실현 이익에 세금 매기는 것)’를 폐지했다.

“기업들이여, 코인을 팔지 말고 보유하라. 일본에서 사업하라.”

일본은 가상자산을 차세대 먹거리로 인식하고 국가 차원에서 기업을 육성하고 있다. 옆 나라가 빗장을 풀고 달리기 시작할 때, 우리는 여전히 그림자 속에 숨어 “안 돼”만 외치고 있다. 이 규제 격차(Regulatory Gap)가 5년 뒤, 10년 뒤 두 나라의 금융 경쟁력을 어떻게 갈라놓을지 두렵다.

1. 고양이에게 생선을 맡긴 구조

한국의 개인 투자자들에게 묻는다. "당신의 비트코인은 지금 어디에 있습니까?"

대부분은 "업비트에 있다", "빗썸에 있다"고 답할 것이다. 우리는 이것을 너무나 당연하게 여긴다. 하지만 전통 금융의 관점에서 보면, 이는 등골이 서늘해질 만큼 기형적인 구조다.

주식 시장을 보자. 우리가 삼성전자 주식을 사고팔 때, 그 주문은 증권사(Broker)가 내지만, 실제 주식은 '한국예탁결제원(KSD)'이라는 제3의 기관에 안전하게 보관된다. 만약 내가 이용하던 증권사가 내일 당장 망해도, 내 주식은 예탁결제원에 살아있으므로 안전하다. 이것이 금융의 기본 원칙인 '거래와 보관의 분리(Segregation of Duties)'다.

하지만 한국의 코인 시장은 어떤가? 거래소(Exchange)가 매매 체결(Trading), 청산 결제(Clearing), 그리고 자산 보관(Custody)까지 모든 기능을 독점하고 있다. 심판과 선수, 그리고 금고지기를 한 명이 다 하는 셈이다.

이것은 마치 카지노에서 칩을 바꾸면서, 내 지갑까지 카지노 금고에 맡겨두는 것과 같다. 카지노 주인이 딴마음을 먹는 순간, 내 돈은 사라진다. 우리는 지금 '신뢰'가 아니라 '요행'을 바라며 투자를 하고 있는 것이다.

2. FTX 사태의 교훈: 신뢰는 시스템으로 검증되어야 한다

이 구조적 위험이 현실화된 최악의 사례가 바로 2022년 'FTX 파산 사태'다. 당시 세계 3위 거래소였던 FTX는 겉보기에 완벽했다. 화려한 광고, 천재 CEO 샘 뱅크먼-프리드, 그리고 수많은 기관 투자자들.

하지만 그 화려한 막 뒤에서는 추악한 일이 벌어지고 있었다. FTX는 고객이 맡긴 수조 원의 자금을 몰래 빼돌려, 자매 회사인 '알라메다 리서치'의 투기 자금으로 유용했다. 고객들이 "내 돈 돌려줘(Withdrawal)"라고 외쳤을 때, 금고는 이미 텅 비어 있었다.

이 사태의 본질은 CEO의 도덕적 해이가 아니다. '감시와 견제 장치의 부재'다. 거래소가 금고 열쇠를 독점하고 있었기에, 누구의 제지도 받지 않고 고객 돈을 쌈짓돈처럼 쓸 수 있었던 것이다.

나는 묻고 싶다. 한국의 거래소들은 FTX와 다른가? 물론 한국 거래소들은 감사를 받고 규제를 준수한다. 하지만 구조적 (Structurally)으로는 FTX와 똑같다. 거래소가 보관을 겸하고 있는 한, 제2, 제3의 FTX 사태가 한국에서 일어나지 않으리라는 보장은 그 어디에도 없다.

3. 기관이 들어오지 못하는 진짜 이유

많은 사람이 "기관 투자자가 들어와야 비트코인 가격이 오른다" 고 말한다. 하지만 정작 기관들은 한국 시장을 보며 고개를 젓는 다. 왜일까? '믿고 맡길 곳(Qualified Custodian)'이 없기 때문이다.

국민연금이나 대기업이 수천억 원을 투자한다고 가정해 보자. 그들이 그 거액을 일개 사기업인 거래소 지갑에 넣어둘까? 절대 불가능하다. 그들의 내부 규정(Internal Control)상, 자산은 반드시 '은 행급 신용도를 가진 제3의 수탁 기관'에 보관되어야 한다.

싱가포르의 DBS 은행, 미국의 코인베이스 커스터디, 피델리티 디지털 에셋. 이들은 수조 원대의 보험에 가입되어 있고, 은행 수 준의 보안과 감사를 받는다. 기관들은 이런 곳에만 돈을 넣는다.

반면 한국은 어떤가? 은행의 가상자산 직접 진출이 막혀 있다. 기껏해야 은행이 지분을 조금 투자한 합작 법인(JV) 형태의 영세한 수탁사들뿐이다. 자본금도 작고 보험 한도도 낮다. 1조 원을 굴리 는 펀드 매니저가 100억 원도 보상해 줄 수 없는 수탁사에 돈을 맡 길 리 만무하다.

인프라(Custody)를 깔지 않고 기관 자금(Liquidity)을 바라는 것.

그것은 도로도 닦지 않고 페라리가 달려오기를 기다리는 것과 같다.

4. 제언: 은행에게 금고 열쇠를 줘라

해법은 명확하다. 글로벌 스탠다드를 따라가면 된다.

첫째, 거래소와 수탁의 강제 분리. 일정 규모 이상의 자산은 거래소가 아닌 제3의 전문 수탁 기관에 의무적으로 예치하게 법을 바꿔야 한다. 그래야 거래소가 망해도 내 코인은 산다.

둘째, 은행의 '직접' 수탁업 진출을 전면 허용해야 한다.

물론 현재도 희망은 있다. KB국민은행이 합작 설립한 '한국디지털에셋(KODA)'이나 신한은행이 투자한 'KDAC' 같은 전문 수탁사들이 기업 고객을 대상으로 가상자산의 보관, 관리, 회계 처리 등을 안전하게 수행하고 있기 때문이다.

하지만 현행법상 은행의 직접 진출이 막혀 있어, 이들은 은행 본체가 아닌 '합작 법인(JV)' 형태에 머물러 있다는 한계가 있다. 국민연금이나 국부펀드 같은 초거대 자본이 움직이려면, 은행이 간접 투자를 넘어 '직접' 수탁 주체가 되어 은행의 신용도(Credit)로 자산을 보증할 수 있는 길이 열려야 한다.

은행 금고에 비트코인을 맡기면, 은행은 보관료(Fee)를 챙기고 고객은 안전을 얻는다. 이것이 글로벌 스탠다드다.

수탁(Custody)은 단순한 보관 창고가 아니다. 그것은 야생의 자산이 제도권으로 들어오기 위해 반드시 거쳐야 할 '검역소'이자, 투자자를 위한 최후의 '벙커(Bunker)'다.

[Deep Dive] 준비금 증명(PoR)의 함정 vs 제3자 수탁

FTX 사태 이후 거래소들은 신뢰 회복을 위해 앞다퉈 '준비금 증명(PoR: Proof of Reserves)'을 도입했다. 이는 거래소가 고객 자산을 실제로 보유하고 있음을 머클 트리(Merkle Tree) 등을 통해 암호학적으로 증명하는 방식이다. 하지만 여기에는 여전히 치명적인 한계가 존재한다.

1. PoR의 3가지 맹점

- **스냅샷(Snapshot)의 한계** : 증명은 특정 시점에만 유효하다. 감사가 끝난 직후(After-snapshot) 자금을 빼돌리면 감지할 수 없다. "오전에는 있었는데, 오후에는 없는" 상황을 막지 못한다.

- **숨겨진 빚 (부외 부채)** : 블록체인은 자산(Assets)만 보여준다. 거래소가 외부에서 빌린 담보 대출 등 오프체인 상의 부채(Liabilities)는 기록되지 않는다. 빚더미에 앉은 거래소도 자산만 보여주며 건전한 척 위장할 수 있다.

- **준비금의 질 (Quality)** : 지급준비율 100%를 맞췄다 해도, 그 자산이 비트코인이나 달러가 아니라 유동성이 없는 자체 발행 토큰(예: FTT)이라면? 뱅크런 발생 시 그 가치는 순식간에 '0'이 된다.

2. 기술적 보완과 한계

최근에는 이를 보완하기 위해 실시간 PoR이나, 개인정보를 노출하지 않고도 지급 능력을 증명하는 영지식 증명(ZK-Proof) 기술이 도입되고 있다. 하지만 이 역시 거래소가 키를 독점하고 있다는 근본적인 리스크는 해결하지 못한다.

3. 해법

- **제3자 수탁 (Third-party Custody)** : 결국 진정한 안전장치는 기술적 증명이 아니라 구조적 분리다. 제3자 수탁사는 거래소의 명령만으로는 절대 자금을 움직이지 않는다. 사전에 합의된 조건(고객 승인, 다중 서명 등)이 충족되어야만 자금이 이동하는 '권한의 분산'. 이것이 금융 보안의 핵심이다.

1. 2024년 1월의 충격: 월가(Wall Street)의 침공

2024년 1월 10일. 전 세계 금융 시장의 역사가 바뀐 날이다. 미국 증권거래위원회(SEC)가 비트코인 현물 ETF(Spot ETF)의 상장을 승인했다. 이것은 단순한 상품 출시가 아니었다. 15년간 "사기", "거품", "범죄자들의 돈"이라고 조롱받던 비트코인이, 제도권 금융의 심장부인 월스트리트로부터 '공식적인 자산(Asset Class)'으로 인정받는 대관식이었다.

세계 최대 자산운용사 블랙록(BlackRock)의 래리 핑크 회장이 비트코인을 세일즈하고, 피델리티(Fidelity)가 고객 포트폴리오에 코인을 담기 시작했다. 거대한 기관 자금의 수문이 열린 것이다.

하지만 그 역사적인 순간, 한국 금융위원회는 찬물을 끼얹었다. "국내 증권사의 비트코인 현물 ETF 중개는 자본시장법 위반 소지가 있다.”

한국 투자자들은 자신의 증권 계좌로 미국 ETF를 살 수조차 없게 되었다. 나는 묻고 싶다. 미국 SEC와 월가가 바보라서 비트코인을 승인했을까? 아니다. 그들은 ‘돈의 흐름’을 읽은 것이다. 반면 한국은 낡은 법전 속의 ‘정의(Definition)’를 따지느라, 눈앞에서 떠나는 버스를 멍하니 쳐다보고만 있었다.

2. 규제 지체(Regulatory Lag): 아이폰 쇼크의 재림

이 상황은 2009년의 ‘아이폰 쇼크’를 떠올리게 한다. 당시 한국은 “우리에게는 위피(WIPI)라는 표준이 있다”며 아이폰 도입을 미뤘다. 그 결과 한국의 모바일 생태계는 글로벌 표준에서 고립되었고, 경쟁력을 회복하는 데 수년이 걸렸다.

지금 가상자산 시장에서 똑같은 일이 벌어지고 있다. 홍콩은 발빠르게 비트코인과 이더리움 ETF를 승인하며 아시아의 크립토 허브 자리를 굳히고 있다. 싱가포르는 이미 STO(토큰 증권) 거래소를 샌드박스에서 정식 인가로 전환했다.

하지만 한국은 여전히 “비트코인이 기초자산이냐 아니냐”를 두고 탁상공론 중이다. 이것은 단순한 보수주의가 아니다. 기술의 발전 속도를 제도가 따라가지 못해 발생하는 ‘규제 지체(Regulatory Lag)’ 현상이다.

우리가 주춤하는 사이, 한국의 자본은 홍콩 ETF와 미국 ETF로 빠져나가고 있다. 국내 증권사와 운용사들은 새로운 먹거리를 창

출할 기회를 박탈당했다. '금융 주권'이 서서히 침식당하고 있는 것
이다.

다행히 2025년 하반기 들어, 금융 당국과 국회에서도 '비트코인
현물 ETF 도입'에 대한 법리적 검토를 다시 시작했다는 소식이 들
려온다. 늦었지만, 이제라도 방향을 튼 것은 천만다행이다

3. STO: 멈춰 선 시계가 다시 돌기 시작했다

"법이 없어서 못 한다"는 핑계는 이제 끝났다. 21대 국회에서 폐
기되며 사업자들을 절망에 빠뜨렸던 토큰 증권(STO) 법안이, 2025
년 말 현재, 국회 정무위원회에서 법안 심사가 막바지에 이르며 제
도화의 9부 능선을 넘고 있기 때문이다. 비록 초기보다 열기는 식
었지만, 주요 증권사와 조각 투자사들이 합종연횡하며 열리는 시
장을 준비하고 있다. 방향은 정해졌고, 남은 건 속도뿐이다.

이제 샌드박스라는 좁은 울타리에 갇혀 있던 조각 투자사들이
정식 라이선스를 달고 뛸 준비를 하고 있다. 한국거래소(KRX)와 민
간 거래소(넥스트레이드 등) 간의 인프라 경쟁도 점화되었다. 싱가포
르에 뺏길 뻔했던 '자산 유동화'의 주도권을 되찾아올 기회가 비로
소 열린 것이다. 이제 남은 건 속도전이다.

4. 갈라파고스의 최후

갈라파고스 제도의 동물들은 고유한 생태계를 유지했지만, 결
국 외부 환경 변화에 적응하지 못하고 도태되거나 멸종 위기에 처

했다.

금융도 마찬가지다. 국경 없는 디지털 경제 시대에 '우리만의 룰'을 고집하는 것은 자살행위다. 투자자들은 이미 VPN을 쓰고, 해외 거래소를 쓰며 규제 담장을 넘고 있다. 막을 수 없다면 관리해야 한다.

지금 버스에 타지 않으면, 한국은 10년 뒤 비싼 로열티를 내고 외국 금융사의 상품을 수입해 써야 할지도 모른다. "혁신을 하지 않는 것이 가장 큰 리스크다." 마크 저커버그의 이 말이 지금 한국 금융 당국에 가장 필요한 조언이 아닐까.

[Deep Dive] 기초자산(Underlying Asset) 논란

한국 자본시장법 제4조는 기초자산의 범위를 '금융투자상품, 통화, 농축수산물 등'으로 열거(Positive List)하고 있다. 금융위원회는 비트코인이 이 목록 어디에도 포함되지 않으므로 ETF의 기초자산이 될 수 없다고 해석했다.

반면 미국과 홍콩은 '자산의 실체성'과 '가격 조작 방지 시스템'에 주목했다. 비트코인이 금(Gold)이나 원유(Oil)처럼 시장에서 활발히 거래되고 가격이 형성되므로, 이를 기초로 한 파생상품을 만드는 데 문제가 없다고 본 것이다.

법 문구(Text)에 얽매일 것인가, 시장의 실질(Substance)을 볼 것인가? 이 해석의 차이가 국가 경쟁력을 가르고 있다.

1. '안 된다'는 말은 전략이 아니다

2024년 7월 19일, '가상자산 이용자 보호법'이 시행되면서 한국 시장은 비로소 '무법지대'라는 오명을 벗었다. 이제 거래소가 파산해도 고객의 예치금은 은행이 돌려주며, 시세조종 세력은 최대 무기징역에 처해진다. 최소한의 안전장치(1단계)는 마련된 것이다.

하지만 '보호'만으로는 부족하다. 보호법은 사고를 막는 브레이크일 뿐, 앞으로 나아가는 엔진이 아니기 때문이다. 이제 우리는 '산업 육성'을 위한 2단계 기본법 논의를 시작해야 한다. 규제의 목표가 단순한 '통제'를 넘어, 건전한 '시장 조성'으로 진화해야 할 시점이다.

2. 1단계: 양지화^(Legalization) – 일반 기업으로의 확장

2025년 발표된 '법인 계좌 로드맵'은 환영할 만한 첫걸음이다. 하지만 비영리법인과 금융사만으로는 부족하다. 이제는 '3단계(일반 법인)'의 빗장을 과감하게 풀어야 할 때다.

삼성전자나 넥슨 같은 글로벌 기업들이 여전히 해외 법인을 통해 우회적으로 코인을 사고파는 현실을 방치해서는 안 된다. 이는 국부 유출이자 자금 세탁의 온상일 뿐이다. 모든 기업에게 열어줄 필요는 없다. 우선 상장사(Listed Company)나 외부 감사를 받는 법인, 그리고 ISMS 인증을 받은 기업부터 허용하면 된다. 이들은 이미 회계 투명성이 검증된 곳들이다.

양지로 나온 자금은 국세청이 1원 단위까지 추적할 수 있다. 세수는 늘어나고, 기업들의 자금이 유입되면 김치 프리미엄이라는 기형적인 가격 괴리도 자연스럽게 해소될 것이다. 망설일 시간이 없다.

3. 2단계: 인프라^(Infrastructure) – 은행의 수탁업 진출

투자자 보호는 말로만 외친다고 되는 게 아니다. '시스템'이 있어야 한다. 거래소가 파산해도 내 돈을 지킬 수 있는 유일한 방법은 '제3자 수탁(Third-party Custody)'뿐이다.

이를 위해 시중 은행들의 '직접' 수탁업 진출을 허용해야 한다. 물론 현재도 KB국민은행이 합작한 '한국디지털에셋(KODA)'이나 신한은행이 투자한 'KDAC' 같은 전문 수탁사들이 존재한다. 이들은 법인 고객의 자산을 안전하게 보관하며 훌륭한 레퍼런스를 쌓고 있다.

하지만 현행법상 은행이 직접 할 수 없어 '합작 법인(JV)' 형태로 우회해 있다는 한계가 명확하다. 국민연금이나 국부펀드 같은 거대 자본은 중소기업 규모의 합작사가 아니라, 은행 본체의 신용도(Credit)를 원한다.

은행 금고에 비트코인을 맡기면, 은행은 보관료(Fee)를 챙기고 고객은 은행급의 안전을 얻는다. 해킹 사고가 나면 은행이 보험으로 배상한다. 이것이 글로벌 스탠다드다. 은행이 '직접' 들어와야 비로소 대한민국의 기관 자금도 안심하고 시장에 진입할 수 있다.

4. 3단계: 글로벌화(Globalization) – 외환 규제의 현대화

마지막으로, 1960년대에 만들어진 낡은 '외국환거래법'을 디지털 시대에 맞게 뜯어고쳐야 한다.

현재 송금 코드에는 '가상자산 구매'라는 항목 자체가 없다. 그래서 투자자들은 '유학비', '여행 경비' 등으로 거짓 신고를 하거나, 10만 달러 쪼개기 송금을 하며 범법자가 된다.

가상자산 거래 목적의 송금 코드를 신설하고, 연간 한도를 현실화해야 한다. 대신 송금 내역을 국세청과 실시간으로 공유하여 탈세를 막으면 된다. 막는다고 안 나가는 게 아니다. 뒷문으로 나가는 돈을 앞문으로 다니게 해야 관리가 가능하다.

5. 핀테크 허브를 향한 골든타임

싱가포르 창이 공항에 내릴 때마다 나는 부러움과 질투를 느낀다. 그곳의 활기, 전 세계에서 몰려드는 인재와 자본. 원래 그것은 한국, 우리 서울의 몫이 될 수도 있었다. 우리는 세계 최고의 IT 인프라와 가장 열정적인 투자자들을 보유하고 있지 않은가.

아직 늦지 않았다. 미국이 ETF를 승인하고 홍콩이 문을 여는 지금이, 우리가 추격할 수 있는 마지막 '골든타임'이다. 규제 당국이 '금지의 빗장'을 풀고 '관리의 지휘봉'을 잡는 순간, 대한민국은 디지털 금융의 갈라파고스에서 벗어나 진정한 '핀테크 허브'로 도약할 수 있을 것이다.

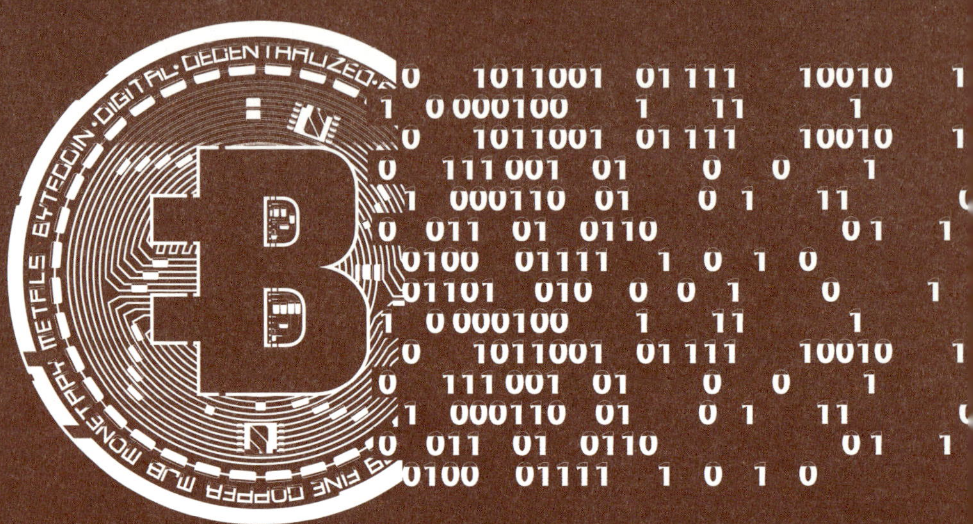
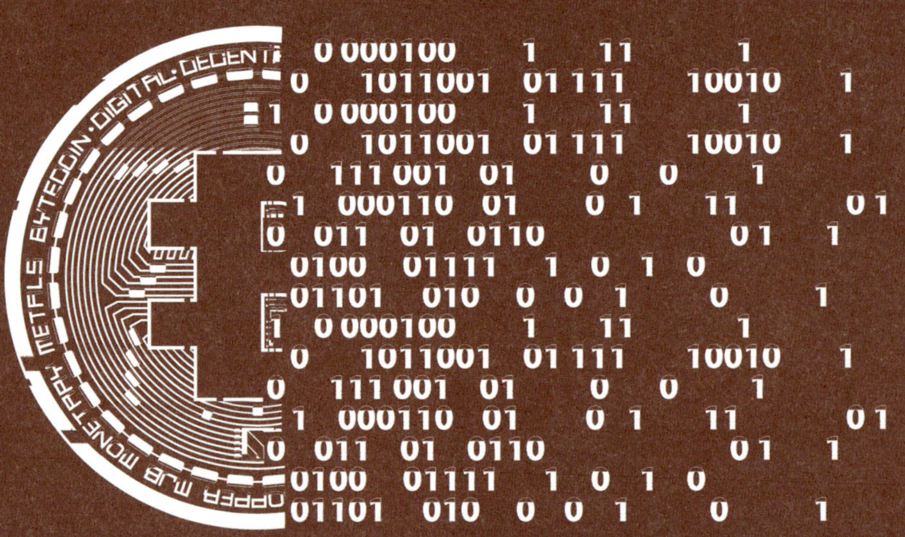

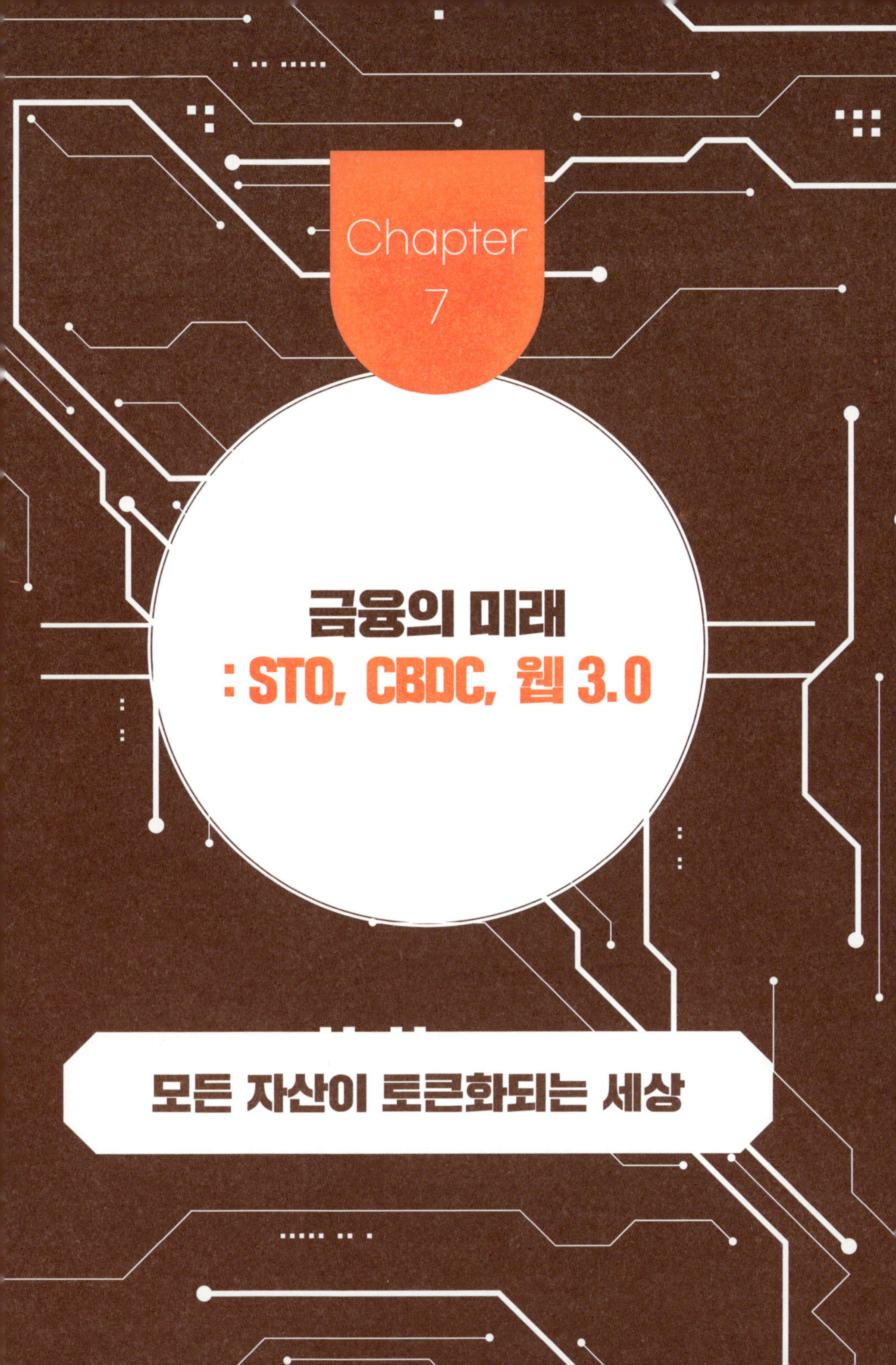

Chapter
7
금융의 미래
: STO, CBDC, 웹 3.0
모든 자산이 토큰화되는 세상

1. 새로운 손님들: 비트코인 고래가 아니다

202X년, 싱가포르 마리나 원(Marina One)에 위치한 핀테크 컨퍼런스 룸. 최근 들어 내 미팅 스케줄표에는 낯선 직함들이 등장하기 시작했다. 과거에는 '크립토 펀드 매니저'나 '채굴업자'가 주를 이뤘다면, 이제는 부동산 시행사 회장, 글로벌 옥션 하우스 임원, 엔터테인먼트사 대표들이 나를 찾는다.

그들의 손에는 하드월렛 대신 두꺼운 등기부등본이나 감정평가서가 들려 있다. 그리고 질문은 한결같다.

"미스터 양, 이 1,000억 원짜리 강남 빌딩을... 혹시 잘게 쪼개서 팔 수 있습니까?"

이것이 바로 토큰 증권(STO, Security Token Offering), 혹은 RWA(Real World Asset, 실물 연계 자산)의 서막이다. 지금까지 부(Wealth)는 덩어리

가 크고 무거웠다. 강남 테헤란로의 빌딩을 사려면 최소 500억 원이 필요했고, 앤디 워홀의 그림을 소유하려면 수백억 원이 필요했다. 그래서 좋은 자산은 언제나 기관 투자자나 슈퍼 리치들만의 리그였다. 일반인은 그저 그 빌딩 1층에 있는 카페에서 커피나 사 마실 뿐, 그 빌딩이 오르는 가치를 공유할 수는 없었다.

하지만 블록체인 기술은 이 거대한 자산을 디지털 가루로 만들 수 있다.

2. 커피 한 잔 값으로 건물주가 되는 세상

나는 회장님에게 화이트보드에 그림을 그려가며 설명했다.

"회장님, 이 1,000억 원짜리 빌딩을 통째로 살 수 있는 바이어를 찾으려면 6개월, 아니 1년이 걸릴 겁니다. 하지만 이걸 1만 원짜리 디지털 토큰 1,000만 개로 쪼갠다면 어떨까요?"

이것은 혁명이다. 커피 두 잔 값인 1만 원으로 롯데타워의 지분 0.00001%를 소유할 수 있다. 단순히 기분만 내는 게 아니다. 블록체인 스마트 컨트랙트는 매달 들어오는 월세 수익을 토큰 보유량에 비례하여 내 전자 지갑으로 자동 배당해 준다. 건물이 팔리면? 매각 차익 또한 1원 단위까지 정확하게 분배된다. 이것은 단순한 투자가 아니라 소유의 민주화(Democratization of Ownership)다.

회장의 눈이 반짝였다. "그럼 내 빌딩을 주식 상장하듯이 코인으로 상장한다는 말이군." "정확합니다. 그것도 전 세계 누구나 24시간 사고팔 수 있는 시장에요."

3. 유동성 혁명: 잠든 자산을 깨워라

멘데이트의 관점에서 STO는 단순한 쪼개기 투자가 아니라 유동성 혁명(Liquidity Revolution)이다.

전통적인 자산 시장에는 비유동성 할인(Illiquidity Discount)이라는 게 있다. 부동산, 미술품, 비상장 주식, 와인, 저작권... 이런 자산들은 가치는 높지만 현금화가 너무 어렵다. 팔고 싶어도 매수자가 나타날 때까지 하염없이 기다려야 하고, 급하게 팔려면 제값보다 20~30% 싸게 던져야 한다.

하지만 이를 토큰화하면 이야기가 달라진다. 새벽 2시에 갑자기 돈이 필요하다면? 내 스마트폰을 켜고 '강남 빌딩 토큰' 50개를 시장가로 매도하면 된다. 마치 삼성전자 주식을 팔듯이 말이다.

싱가포르에는 이미 ADDX나 Hg Exchange 같은 디지털 증권 거래소들이 규제 샌드박스를 졸업하고 정식 인가를 받아 영업 중이다. 그곳에서는 와인 펀드, 위스키 통(Cask), 탄소배출권, 심지어 K-POP 음원 저작권까지 토큰으로 만들어져 전 세계 투자자들에게 팔리고 있다.

4. 멘데이트의 미래: 모든 것을 거래하라

나는 확신한다. 미래의 OTC 시장에서는 비트코인뿐만 아니라 토큰화된 맨해튼 펜트하우스, 토큰화된 미 국채, 토큰화된 희토류 채굴권이 거래될 것이다. 지금까지 멘데이트의 역할이 '코인'과 '현금'을 연결하는 것이었다면, 앞으로는 세상의 모든 가치를 연결하는 것으로 확장된다.

하지만 안타깝게도 한국의 시계는 멈춰 있다. 싱가포르가 치고 나가는 동안, 한국 금융 당국은 "이것이 자본시장법상 증권이냐 아니냐", "발행과 유통을 분리해야 하나 마냐"를 두고 지루한 탁상공론을 벌이고 있다.

내 앞의 회장님이 물었다. "그럼 한국에서는 못 하는 건가?" 나는 씁쓸하게 웃으며 답했다. "한국에서는 아직 법이 없어서 불법도 합법도 아닙니다. 하지만 싱가포르 법인을 통해 발행하시면 전 세계 투자자를 대상으로 세일즈가 가능합니다."

결국 또다시 한국의 우량 자산이 싱가포르의 금융 상품으로 포장되어 팔려나가는 구조. 기술은 국경을 넘는데, 제도는 국경 안에 갇혀 있다.

[Deep Dive] STO^(토큰 증권) vs ICO^(가상자산 공개)

많은 사람이 이 둘을 헷갈려 한다. 하지만 법적 성격은 하늘과 땅 차이이다.

- **ICO** (Initial Coin Offering) : 실체가 없는 프로젝트의 '미래 가치'

를 판다. 법적 구속력이 약하고, 휴지 조각이 될 위험이 크다.
(규제 사각지대)

- **STO** (**Security Token Offering**) : 실체가 있는 '실물 자산(부동산, 주식 등)'을 담보로 한다. 자본시장법의 적용을 받으며, 투자자는 법적으로 소유권을 보장받는다. (제도권 금융) 즉, STO는 '블록체인이라는 옷을 입은 주식'이다. 금융 당국이 ICO는 막아도 STO는 허용하려는 이유가 바로 이 '실체'와 '법적 보호' 때문이다.

CBDC의 등장
: 비트코인의 적군인가 아군인가

1. 꼬리에 꼬리를 무는 질문: "비트코인, 끝난 거 아닙니까?"

싱가포르의 금융 컨퍼런스에 연사로 서거나, 고액 자산가들과 미팅을 할 때마다 가장 많이 받는 질문이 있다.

"미국 연준(Fed)이나 한국은행이 CBDC(중앙은행 디지털 화폐)를 발행하면, 비트코인은 쓸모없어지는 것 아닙니까? 국가가 보증하는 디지털 돈이 나오는데, 누가 변동성 큰 비트코인을 쓰겠습니까?"

일견 타당해 보이는 질문이다. 정부가 비트코인을 금지하고 자신들의 화폐만 쓰라고 강요할 것이라는 공포다. 하지만 현장에서 시장의 흐름을 읽는 나의 대답은 단호하다.

"아니오(No). 정반대입니다. CBDC가 나오는 순간, 비트코인의 지위는 더욱 공고해질 것입니다."

왜냐하면 두 존재는 서로 경쟁하는 관계가 아니라, 서로 다른 목적을 가진 상호 보완재(Complementary Goods)이기 때문이다.

2. 역할의 분리: 디지털 현금 vs 디지털 금

우리는 화폐(Currency)와 자산(Asset)을 구분해야 한다.

CBDC는 국가가 발행하는 '디지털 법정화폐(Digital Fiat)'다.

많은 사람이 테더(USDT) 같은 스테이블코인과 혼동하지만, 근본부터 다르다. 스테이블코인은 1달러에 가치를 '고정(Pegging)'시키려 노력하는 민간 토큰이지만, CBDC는 그 자체가 달러이고 원화다.

중앙은행이 발행하고 법적 강제통용력(Legal Tender)을 가지므로 가치 변동 위험 자체가 없다. 디지털 원화 1원은 언제 어디서나 현금 1원과 수학적으로, 법적으로 완전히 동일한 가치를 갖는다.

CBDC는 국가가 가치를 고정(Pegging)하고 보증한다. 편리하지만, 무제한으로 찍어낼 수 있어 인플레이션 위험이 있다.

반면 비트코인은 디지털 금(Gold)이다. 이것은 가치 저장 수단이다. 우리는 금으로 커피를 사 마시지 않는다. 대신 금고에 넣어두고 자산 가치가 떨어지는 것을 방어한다. 비트코인은 발행량이 2,100만 개로 고정되어 있어 희소성이 있다.

CBDC가 나온다고 금(Gold)이 사라졌는가? 아니다. 마찬가지로 CBDC가 보급될수록 사람들은 깨달을 것이다. "아, 내 월급과 세금은 CBDC로 내고, 내 자산은 인플레이션이 없는 비트코인에 묻어둬야겠구나." 즉, CBDC의 등장은 비트코인을 '화폐'의 굴레에서 해방시켜, 진정한 디지털 골드의 지위에 올려놓는 계기가 될 것이다.

3. 맨데이트의 갈증: 테더(USDT) 리스크를 지워라

사실 맨데이트의 입장에서 CBDC를 기다리는 진짜 이유는 따로 있다. 바로 결제 리스크(Settlement Risk)의 해소다.

현재 글로벌 OTC 시장의 기축 통화는 달러가 아니라 테더(USDT)나 서클(USDC) 같은 민간 스테이블코인이다. 코인을 팔면 통장에 달러가 꽂히는 게 아니라, 지갑에 테더가 꽂힌다. 하지만 우리는 늘 불안에 떤다. "테더사가 망하면 어쩌지? 루나(Luna) 사태 때처럼 테더도 1달러 페깅이 깨지면 내 1,000억 원은 휴지 조각이 되는 거 아닌가?"

실제로 대형 딜을 진행할 때, 바이어가 테더로 주겠다고 하면 우리는 추가적인 할인(Discount)을 요구하거나, 즉시 현금화하는 조건을 건다. 민간 기업의 신용도(Credit)를 100% 믿을 수 없기 때문이다. 이것이 기관 자금 유입을 막는 거대한 불확실성이다.

4. 마지막 퍼즐: 기관 자금의 고속도로

만약 한국은행이 발행한 디지털 원화(KRW-CBDC)나 미 연준의 디지털 달러로 코인 결제를 할 수 있다면 세상은 어떻게 바뀔까?

- **신용 리스크 제로** : 국가가 망하지 않는 한 돈 떼일 일이 없다.
- **즉시 결제(T+0)** : 은행 영업시간과 상관없이 24시간 실시간 정산이 가능하다.
- **프로그래머블 머니** : 스마트 컨트랙트를 통해 "비트코인이 입금되는 즉시 CBDC가 전송된다"는 코드를 짜면, 에스크로 사기

도 원천 봉쇄된다.

국민연금이나 블랙록 같은 거대 기관들이 기다리는 것이 바로 이 것이다. 그들은 테더를 믿지 않는다. 하지만 연준이 발행한 CBDC라 면 믿는다. CBDC는 비트코인의 적군이 아니다. 오히려 불확실성이 라는 흙탕물을 걷어내고, OTC 시장이라는 도로를 매끄럽게 포장해 줄 최고의 인프라이자 든든한 아군이다. 나는 확신한다. CBDC가 상 용화되는 날, 비트코인 가격은 역사상 가장 강력한 슈팅을 보여줄 것 이다.

[Deep Dive] 도매용(Wholesale) vs 소매용(Retail)

CBDC 멘데이트가 주목하는 것은 편의점에서 쓰는 '소매용 CBDC'가 아니라, 금융기관끼리 거액을 주고받는 '도매용 CBDC'다.

- **현재** : 은행 간 송금(SWIFT)은 2~3일이 걸리고 수수료가 비싸 며, 주말에는 쉰다. OTC 거래의 가장 큰 병목 구간이다.
- **미래** : 싱가포르의 '프로젝트 던바(Project Dunbar)'나 '프로젝트 유빈(Project Ubin)' 같은 도매용 CBDC 실험이 성공하면, 수조 원의 자금이 국경을 넘어 1초 만에 이동하게 된다. 이것은 단 순한 송금 혁명이 아니다. 전 세계 자본 시장이 하나의 거대 한 유동성 풀(Liquidity Pool)로 통합되는 것을 의미한다. 그리 고 그 중심에 비트코인이 있다.

1. 2024년 1월 10일: 대관식(Coronation)의 날

역사는 2024년 1월 10일 이전과 이후로 나뉜다. 그날 미국 증권거래위원회(SEC)가 비트코인 현물 ETF(Spot ETF)의 상장을 승인했을 때, 싱가포르의 내 사무실에서는 환호성 대신 묵직한 침묵이 흘렀다. 그것은 단순한 호재가 아니었다. 비트코인의 신분 상승을 알리는 대관식이었기 때문이다.

지난 15년간 비트코인은 제도권 금융으로부터 철저히 무시당했다. "사기", "튤립 거품", "마약상의 돈", "쥐약". 워렌 버핏과 제이미 다이먼 같은 금융 황제들은 비트코인을 조롱했다. 하지만 ETF 승인은 이 모든 논란에 종지부를 찍었다. 세계 최대 자산운용사 블랙록(BlackRock)의 래리 핑크 회장이 비트코인을 "디지털 금"이라 칭송하며 세일즈맨으로 나섰다. 이것은 비트코인이 더 이상 사이버 펑크와 무정부주의자들의 장난감이 아니라, 월스트리트의 공식 자산이 되었음을 선포하는 사건이었다.

2. 고객이 바뀌었다: 007 가방에서 넥타이 부대로

이 변화는 OTC 시장의 풍경을 송두리째 바꿔놓았다. 불과 몇 년 전만 해도 내 고객은 정체를 알 수 없는 중국계 채굴업자, 동유럽의 신흥 부자, 혹은 현금 가방을 든 강남의 큰손들이었다. 그들은 익명성을 원했고, 묻지마 거래를 선호했다.

하지만 ETF 승인 이후, 내 미팅룸의 문을 두드리는 사람들의 옷차림이 바뀌었다. 잘 재단된 맞춤 정장, 옥스퍼드 구두, 그리고 명함에는 'Asset Management(자산운용)', 'Pension Fund(연기금)', 'Family Office(패밀리 오피스)' 같은 직함이 박혀 있다.

그들은 "비밀 보장"을 요구하지 않는다. 대신 이런 것들을 요구한다. "커스터디(수탁)는 어디서 합니까? 코인베이스입니까, 피델리티입니까?" "재무 감사(Audit) 보고서를 볼 수 있습니까?" "세금 계산서 발행과 매매 증빙은 완벽합니까?"

야생(Wild)의 시대는 끝났다. 이제는 제도권(Institutional)의 시대다. 그들은 1원짜리 하나도 투명하지 않으면 움직이지 않는다. 시장의 규칙이 '의리'와 '비밀'에서 '규정(Compliance)'과 '투명성'으로 완전히 넘어간 것이다.

3. 브로커의 종말, 맨데이트의 진화

이 거대한 파도 속에서, 기존의 '강남 브로커'들은 설 자리를 잃고 있다. 기관 투자자들은 카페에서 만나 현금 박치기를 하지 않는다. 그들은 텔레그램으로 "형님, 좋은 물건 있습니다"라고 속삭이는 사람을 가장 혐오한다.

이제 시장은 검증된 맨데이트만을 필요로 한다. 복잡한 자금세탁방지(AML) 규정을 이해하고, 은행급 수탁 시스템을 연결할 수 있으며, 기관의 까다로운 내부 통제 기준을 만족시키는 딜 구조를 짤 수 있는 설계자. ETF는 단순한 가격 상승의 재료가 아니다. 시장 전체를 강제 정화시키는 거대한 필터다. 이 필터를 통과하지 못하는 중개인과 자본은 도태될 것이고, 살아남은 소수의 맨데이트만이 월가의 거인들과 테이블에 앉을 자격을 얻게 될 것이다.

4. 수급의 불균형: 마르지 않는 수요

ETF가 무서운 진짜 이유는 수급(Supply and Demand)에 있다. 과거에는 비트코인을 사려면 거래소에 가입하고, 지갑을 만들고, 프라이빗 키를 관리해야 했다. 일반인과 기관에게는 너무나 높은 진입 장벽이었다.

하지만 ETF는 이 장벽을 허물었다. 주식 계좌에 있는 돈으로 'IBIT(블랙록 ETF 티커)'를 검색해서 매수 버튼만 누르면 된다. 보관? 해킹? 걱정할 필요가 없다. 블랙록이 알아서 해주니까. 이 편리함은 전 세계 100조 달러(약 13경 원)에 달하는 자산운용 시장의 자금을 비트코인으로 끌어들이는 고속도로가 되었다. "반면 비트코인의 블록 보상은 4년마다 반으로 줄어든다(반감기, Halving)."살 사람은 줄을 섰는데, 팔 물건은 사라지는 상황." 경제학 원론 1페이지에 나오는 공급 부족(Supply Shock). 이것이 내가 향후 10년, 비트코인의 가격을 낙관하는 가장 강력한 근거다.

[Deep Dive] 현물(Spot) ETF vs 선물(Futures)

ETF 2021년에 나온 비트코인 선물 ETF는 가짜였다. 그것은 비트코인 자체가 아니라, 비트코인의 미래 가격을 맞추는 '계약서(종이)'를 사는 것이었다. 실제 비트코인 매수세로 이어지지 않았다. 하지만 2024년 승인된 '현물 ETF'는 진짜다. 블랙록이 고객에게 1,000억 원어치 ETF를 팔았다면, 블랙록은 그날 밤 반드시 시장에서 '실제 비트코인 1,000억 원어치'를 사서 금고(Coinbase Custody)에 넣어야 한다. 즉, ETF 매수세가 커질수록, 시장에 유통되는 비트코인 물량은 블랙록의 금고 속으로 빨려 들어가 잠기게 된다(Lock-up). 이것이 현물 ETF가 가진 파괴력의 실체다.

5.국가는 비트코인을 비축한다
: 월가(Wall St.)를 넘어 백악관으로

2024년 ETF 승인이 '기관'의 진입을 알렸다면, 2025년의 화두는 단연 '국가(State)'의 진입이다. 미국 의회에서는 'BITCOIN Act of 2025'가 논의되며, 연방 정부가 압수한 비트코인을 매각하지 않고 '국가 전략 비축 자산(Strategic Reserve)'으로 전환하려는 움직임이 현실적인 아젠다로 급부상했다. 금(Gold)이나 석유처럼 비트코인을 국가의 부(Wealth)를 지키는 방패로 삼겠다는 뜻이다.

동시에 미국의 'GENIUS Act(스테이블코인 규제법)' 서명은 테더(USDT) 같은 민간 화폐를 제도권의 감시망 아래 완벽하게 가두었다. 이제 비트코인은 단순한 투기 상품이 아니다. 달러 패권을 방어하거나 헷징하는 '지정학적 무기'로 격상되었다. 멘데이트의 경쟁자는 이제 옆 사무실의 김 대표가 아니라, 다른 나라의 중앙은행이다.

1. '크립토 네이티브(Crypto Native)'의 오만과 패배

3년 전만 해도 업계의 분위기는 이랬다. "곧 비자(Visa)나 마스터 카드가 망하고, 개인이 자기 지갑(Self-custody Wallet)으로 커피를 사 마시는 세상이 온다." 우리는 탈중앙화된 P2P 결제가 기존의 낡은 금융망을 붕괴시킬 것이라 믿어 의심치 않았다.

하지만 2025년 현재, 전쟁은 끝났다. 승리자는 비트코인도, 이더리움도 아니었다. 승자는 다시 'Visa'였다.

왜일까? 인간은 본능적으로 '불편함'을 거부하기 때문이다. 대중은 매번 앱을 켜서 QR코드를 스캔하고, 서명을 하고, 전송 대기 시간을 기다리는 '크립토 방식'을 견디지 못했다. 그들은 그냥 익숙한 플라스틱 카드를 1초 만에 긁고 싶어 했다.

결국 거대 금융망(Visa/Master)은 블록체인에 대항하는 대

신, 블록체인을 그들의 거대한 파이프라인 안으로 '삼켜버렸다
(Absorbed)'. 이제 사람들은 여전히 비자 카드를 긁는다. 달라진 점
은 딱 하나다. 그 카드 뒤단(Backend)의 정산(Settlement) 레이어에서
달러 대신USDC(스테이블코인)가 흐르고 있다는 사실뿐이다.

혁명은 '대체'가 아니라 '흡수'의 형태로 끝났다. "지갑 주소가 뭡
니까?"라는 질문은 사라졌다. "그냥 카드로 긁으세요"가 미래였다.

2. 계정 추상화^(AA)의 쓸쓸한 퇴장

한때(2023~2024년) 업계는 '계정 추상화(Account Abstraction, ERC-
4337)'라는 기술에 열광했다. 복잡한 니모닉(비밀 구문) 없이도 이메
일로 로그인하고, 가스비를 대납해 주는 이 기술이 '매스 어돕션(대
중화)'의 구세주가 될 것이라 믿었다. 수많은 스타트업이 AA 기반
지갑을 쏟아냈다.

하지만 시장의 반응은 차가웠다. 기술적으로는 훌륭했지만, 시
장성(Product-Market Fit)이 없었기 때문이다. 일반 사용자 입장에서
생각해 보자. 이미 '토스(Toss)'나 '카카오페이'가 너무나 편한데, 굳
이 '가스비를 대납해 주는 블록체인 지갑'을 새로 깔 이유가 있을
까?

결국 AA는 독자적인 생태계를 구축하지 못했다. 지금 AA 기술
은 화려한 전면 무대에서 내려와, 기존 금융 앱이나 게임 앱의 보
이지 않는 '백엔드 기능' 중 하나로 전락하거나 잊혀가는 추세다.
기술적 우월함이 시장의 선택을 보장하지 않는다는 것을 보여주

는 씁쓸한, 그러나 명확한 교훈이다.

3. 지갑(Wallet)이 사라진 지갑

그렇다면 10년 후의 지갑은 어떤 모습일까? 역설적이게도 '지갑이 없는(Wallet-less)' 형태일 것이다.

과거에는 맨데이트들이 007 가방에 렛저(Ledger)를 넣고 다녔지만, 미래의 고객들은 자신이 블록체인을 쓰고 있다는 사실조차 모를 것이다. 그들이 쓰는 메신저(텔레그램, 카카오톡)나 슈퍼 앱(그랩, 우버) 속에 지갑 기능이 내장(Embedded)되어 있을 것이기 때문이다.

송금은 채팅처럼 쉬워지고, 결제는 카드처럼 매끄러워진다. 블록체인은 인터넷 프로토콜(TCP/IP)처럼 보이지 않는 곳에서 숫자의 신뢰성만 보증할 뿐, 사용자 눈앞에서 사라질 것이다.

"가장 훌륭한 기술은 사용자 눈에 보이지 않는다."

이 오래된 격언이 맨데이트의 미래를 암시하고 있다. 우리는 이제 '코인 전송'을 돕는 사람이 아니라, 이 보이지 않는 거대한 금융망 속에서 자산의 포트폴리오를 설계하는 '자산 건축가'로 진화해야 한다.

[Deep Dive] 비자(Visa)의 VTAP: 스테이블코인을 삼키다

2024년 말, 비자는 'VTAP(Visa Tokenized Asset Platform)'을 발표했다. 이것은 비자가 전 세계 은행들에게 "너희들도 이제 우리 망을 통해 스테이블코인을 발행하고 유통하라"고 판을 깔아준 것이다.

과거에는 내가 한국에서 미국으로 100만 원을 보내면, 중개 은행(Swift)을 거치며 2~3일이 걸리고 수수료가 떼였다. 하지만 VTAP 위에서는 은행이 발행한 토큰이 비자 네트워크를 타고 '실시간(Real-time)'으로 이동한다.

이것이 무서운 점이다. 비자는 크립토 업계가 그토록 자랑하던 '속도'와 '저비용'이라는 장점마저 흡수해 버렸다. 규제받지 않는 코인 회사가 설 자리는 점점 좁아지고, 규제 준수(Compliance)가 완벽한 전통 금융이 그 자리를 차지하고 있다.

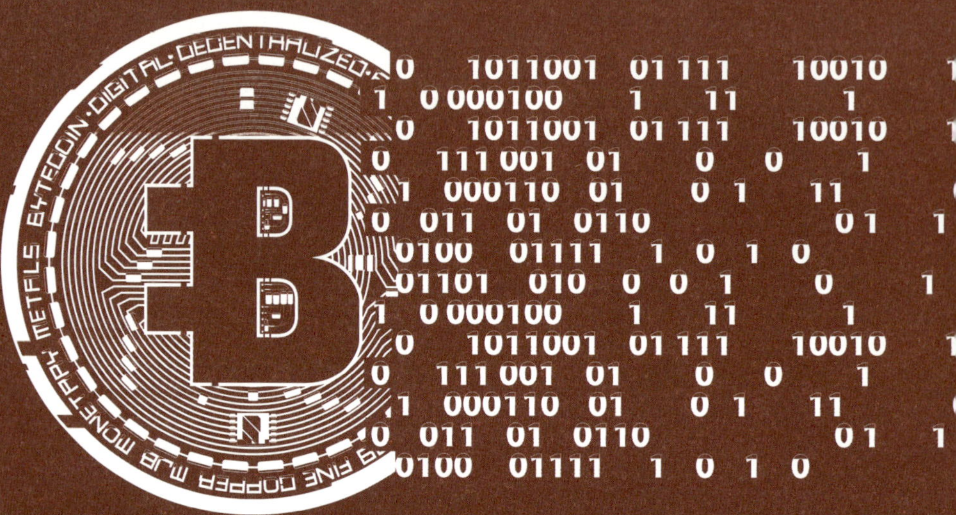
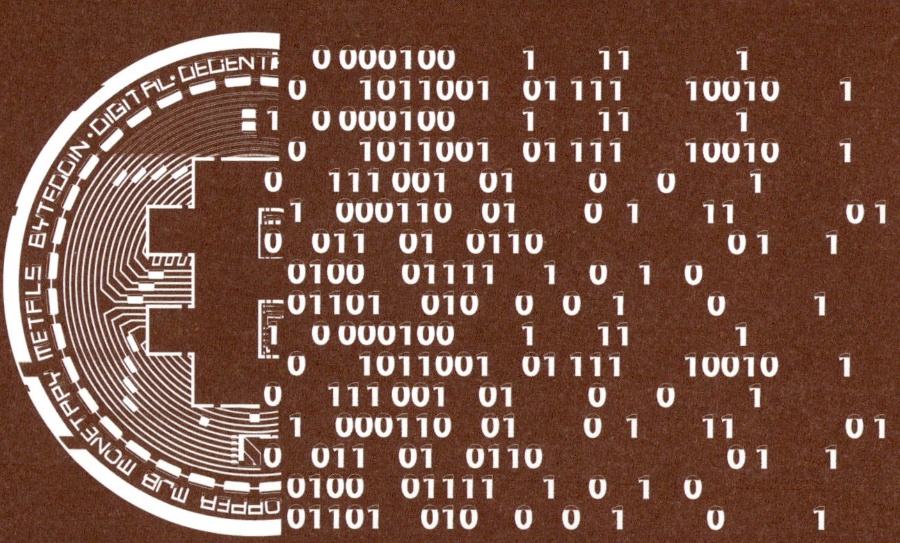

Chapter
8
결론
: 기술은 어떻게
제도가 되는가?

1. 화성에서 온 개발자, 금성에서 온 변호사

싱가포르의 어느 오후, 1,000억 원 규모의 디파이 프로젝트 구조를 짜기 위해 로펌 회의실에 개발 팀장과 파트너 변호사가 마주 앉았다. 그날의 회의는 바벨탑의 붕괴를 보는 듯했다. 그들은 서로 한국어를 쓰고 있었지만, 전혀 다른 언어로 대화하고 있었다.

개발자가 말했다.

"이 프로젝트는 DAO입니다. 오너는 없고, 스마트 컨트랙트 코드에 의해 자동으로 돌아갑니다."

변호사는 미간을 찌푸리며 반박했다.

"대표자가 없다는 게 말이 됩니까? 그럼 사고가 터지면 누가 배상 책임을 집니까? 법인 등기는 누구 앞으로 합니까?"

개발자는 답답해했다.

"책임질 사람이 없도록 탈중앙화한 거라니까요. 그게 블록체인 철학입니다."

변호사는 단호했다.

"그건 철학이 아니라, 법적으로는 책임 회피입니다."

대화는 평행선을 달렸다. 엔지니어는 가능성과 효율을 이야기하고, 변호사는 책임과 규제를 이야기한다. 이 거대한 간극. 이것이 현재 블록체인 산업이 겪고 있는 모든 갈등의 시발점이다.

2. '코드는 법이다'라는 오만, '법이 우선'이라는 무지

나는 그 중간에 앉아 두 세계를 통역해야 했다. 내가 목격한 비극은, 양쪽 모두 치명적인 약점을 가지고 있다는 점이었다.

첫째, 엔지니어들의 기술 만능주의다. 그들은 코드가 완벽하면 세상도 완벽할 거라 믿는다. 하지만 2016년 'The DAO 해킹 사건'을 기억해 보라. 당시 해커가 스마트 컨트랙트 코드의 버그를 이용해 자금을 탈취했을 때, 일부 개발자들은 "코드가 허용했으니 합법"이라는 기계적 논리를 펼쳤다.

하지만 현실 세계는 이를 용납하지 않았다. 명백한 도난이었기 때문이다. 결국 이더리움 커뮤니티는 '하드포크(Hard Fork)'를 통해 시간을 되돌려 해킹을 무효화했고, 이에 반발한 세력이 떨어져 나가 '이더리움 클래식(ETC)'이 탄생했다. 이 사건은 블록체인 역사상 가장 뼈아픈 교훈을 남겼다.

"결국 인간의 합의가 코드보다 위에 있다. 즉, 코드는 법이 될 수 없다(Code ≠ Law).”

둘째, 법률가들의 기술적 무지다. 그들은 블록체인의 비가역성을 이해하지 못한 채 법을 만든다. “잘못 송금된 코인은 즉시 취소 조치 하라”는 규제가 대표적이다. 블록체인 구조상 중앙 관리자가 강제로 취소하는 것은 불가능하다. 기술적으로 불가능한 것을 법으로 강제하니, 기업들은 범법자가 되거나 사업을 접어야 한다. 이것이 한국형 규제의 실패 원인이다.

3. 통역사가 필요하다: 융합 연구자의 소명

결국 이 시장이 양지로 나아가려면, 코딩을 이해하는 변호사 혹은 법리를 아는 엔지니어가 필요하다. 하지만 현실적으로 한 사람이 두 분야의 전문가가 되기는 어렵다. 그래서 필요한 것이 바로 융합 연구자다.

나처럼 현장에서 양쪽의 언어를 모두 경험하고, 그 충돌 지점을 온몸으로 받아낸 사람들이 학계로 가야 한다. 나는 이런 역할을 수행해 왔다.

변호사에게는 “이더리움의 스마트 컨트랙트는 한번 배포하면 수정이 불가능합니다. 따라서 종이 계약서에 면책 조항을 넣는 것만으로는 부족하고, 코드 내부에 해킹 등 비상시에 자금 이동을 멈출 수 있는 ‘비상 정지(Emergency Pause)’ 기능을 반드시 구현하도록 개발팀에 요구해야 합니다”라고 조언하고,

개발자에게는 “코드가 기술적으로 완벽하게 돌아가더라도, 자

금세탁방지법(AML)상의 필터링 기능을 넣지 않으면 당신이 짠 그 완벽한 코드는 범죄자들의 자금 세탁 도구가 될 뿐입니다"라고 경고했다.

4. 기술은 제도가 되어야 완성된다

블록체인은 인류 역사상 가장 강력한 발명품 중 하나다. 하지만 제아무리 뛰어난 기술도 제도라는 그릇에 담기지 않으면 야생의 흉기로 남을 뿐이다. 자동차(기술)가 발명되었을 때, 세상은 혼란에 빠졌다. 그 혼란을 잠재운 것은 더 빠른 엔진이 아니라, 신호등과 교통법규라는 제도였다.

지금 핀테크 시장에 필요한 것은 더 빠른 블록체인이 아니다. 이 기술이 우리 사회에 안전하게 안착할 수 있도록 돕는 디지털 신호등이다. 나는 이제 딜을 만드는 맨데이트에서, 이 신호등을 설계하는 연구자로 나아가려 한다. 엔지니어링의 논리와 법학의 논리가 충돌하지 않고 맞물려 돌아가는 세상. 그 세상을 위한 이론적 기틀을 마련하는 것이 나의 다음 미션이다.

[Deep Dive] 렉스 크립토그라피아(Lex Cryptographia)

하버드대 로스쿨 등 서구 학계에서는 이미 '렉스 크립토그라피아(암호 법학)'라는 개념이 논의되고 있다. 소프트웨어 코드와 알고리즘 자체가 법률의 기능을 수행하거나 대체하는 현상을 말한다. 핵심 질문은 이것이다. "스마트 컨트랙트가 민법상 계약의 효력을

가질 수 있는가?", "탈중앙화 조직(DAO)에 법인격을 부여할 수 있
는가?"

한국은 아직 "코인이 돈이냐 아니냐"를 따지는 기초 단계에 머
물러 있다. 내가 박사 과정에서 연구하고자 하는 분야는 바로 이
지점이다. 한국의 법체계 안에서 블록체인 기술을 어떻게 해석하
고 수용할 것인가. 이것은 단순한 법 해석이 아니라, 미래의 법을
창조하는 작업이다.

연구자로서의 다짐
: 현장 경험을 학문으로 승화하며

1. 현장의 긴장을 뒤로하고, 펜을 들다

지난 수년간 나는 싱가포르와 한국을 오가며 핀테크의 최전선을 누볐다. 내 곁에는 항상 수천억 원의 자산이 담긴 콜드월렛을 꽉 쥐고 있는 'VIP'가 있었고, 내 주머니에는 만약의 사태에 대비한 '비상용 여권'이 들어 있었다.

나는 타인의 거대 자본과 국가의 규제가 충돌하는 지점에서 발생하는 파열음을 온몸으로 막아내는 '야전 사령관(Field Commander)'이었다. 1,000억 원이 든 가방을 든 VIP를 그림자처럼 경호하며 매일 호텔을 옮기고, 10분 단위로 작전을 짜고, 사기꾼들의 눈빛을 읽어내는 삶. 그것은 그 어떤 교과서에도 나오지 않는, 오직 피와 땀으로만 배울 수 있는 야생의 지식(Street Smart)이었다.

하지만 어느 순간부터 갈증을 느꼈다.

“이 거대한 시장이 언제까지나 개인의 감과 경험에 의존해서 돌아갈 수는 없다.”

경험은 소중하지만, 이론으로 정립되지 않은 경험은 그저 '무용담(Saga)'으로 남을 뿐이다. 무용담은 술자리 안줏거리는 될 수 있어도, 세상을 바꾸는 시스템이 될 수는 없다.

그래서 나는 이제 현장의 긴장을 잠시 뒤로하고, 두꺼운 전공 서적을 집어 들려 한다. 나의 거칠었던 실무 경험을 논리와 데이터라는 용광로에 녹여, '학문적 이론(Theory)'으로 승화시키기 위해서다.

2. 상아탑과 현장의 가교

현재 학계에는 두 부류의 학자들이 있다. 기술은 알지만 시장을 모르는 공학자, 그리고 법리는 알지만 코인 한번 사보지 않은 법학자. 그들이 책상 위에서 만든 규제가 현장에서 어떻게 비틀리고 왜곡되는지, 나는 뼈저리게 목격했다.

반대로 현장에는 이론이 부재하다. “왜 김치 프리미엄이 생기는가?”라는 질문에 대부분 “한국인이 투기라서”라고 답한다. 하지만 나는 그것이 차익거래 제한에 따른 가격 불균형이라는 것을 안다. “왜 법인 계좌를 막아야 하는가?”라는 질문에 “위험하니까”라고 답한다. 하지만 나는 그것이 자금 세탁 리스크를 음지로 숨기는 행위임을 안다.

나의 박사 과정은 이 괴리를 메우는 작업이 될 것이다. 현장의 치열한 데이터를 학계로 가져와 분석하고, 학계의 정교한 논리를 현장에 적용해 솔루션을 만드는 것. 상아탑의 언어와 시장의 언어를 모두 구사할 수 있는 이중 언어 구사자가 되는 것. 이것이 내가 정의하는 연구자의 모습이다.

3. 세 가지 연구 과제

나는 앞으로의 연구를 통해 다음 세 가지 질문에 대한 답을 찾고자 한다. 첫째, 한국형 가상자산 규제 모델의 정립. 미국의 증권법이나 싱가포르의 결제서비스법을 그대로 베껴오는 것은 의미가 없다. 한국의 특수한 외환 사정과 IT 환경에 맞는, 통제와 육성이 균형을 이룬 한국형 샌드박스 모델을 설계하고 싶다. 둘째, 블록체인 거버넌스와 법적 책임. 탈중앙화된 조직이 사고를 쳤을 때, 민법상 누구에게 책임을 물을 것인가? 기술적 불멸성과 법적 구제 사이의 딜레마를 해결하는 법리적 기틀을 마련하고 싶다. 셋째, STO와 미래 자산의 유동화. 부동산, 채권, 지적재산권이 토큰화될 때 발생하는 경제적 효과를 정량적으로 분석하고, 이것이 기존 금융 시장에 미칠 충격과 기회를 연구하고 싶다.

4. 새로운 역할

과거 나의 역할은 고객의 자산을 불려주는 것이었다. 하지만 이제 나에게 주어진 새로운 역할은, 이 혼란스러운 디지털 금융 시장에 올바른 이정표를 세우는 것이다. 누군가는 길을 만들어야 한다. 야생의 정글에 도로를 깔고, 신호등을 세우고, 지도를 그리는 일. 그리하여 다음 세대의 창업가들과 투자자들이 나처럼 007 가방을 들고 도망 다니지 않아도 되는 세상, 안전하고 투명한 금융 생태계를 만드는 일. 그것이 내가 박사 가운을 입으려는 이유이자, 이 책을 쓴 진짜 목적이다.

[Deep Dive] 프라카데믹 (Pracademic)

최근 하버드나 MIT 등 해외 명문대에서는 '프라카데믹(Pracademic)'이라는 인재상이 주목받고 있다. Practitioner(실무가)와 Academic(학자)의 합성어다. 순수 이론가들이 해결하지 못하는 복잡한 현대 사회의 문제들은 현장 경험 없이는 본질을 파악조차 하기 힘들다. 앨런 그린스펀이나 나심 탈레브처럼, 시장의 최전선에서 싸워본 경험을 바탕으로 학문적 깊이를 더한 사람들. 나는 한국의 핀테크 분야에서 그런 실천적 연구자가 되고자 한다.

맺음말
: 거친 파도를 넘어

스콜이 지나간 뒤

원고의 마지막 문장을 쓰고 고개를 들어 창밖을 본다. 책의 서문을 쓸 때만 해도 세차게 퍼붓던 싱가포르의 스콜이 어느새 그쳤다. 먹구름이 걷힌 마리나 베이 위로는 선명한 무지개가 떠 있고, 습기를 머금은 도시는 황금빛 석양을 받아 더욱 찬란하게 빛나고 있다.

나는 지금의 가상자산 시장이 바로 이 '스콜이 그치기 직전'의 풍경과 같다고 생각한다. 규제의 불확실성, 루나와 FTX 같은 대형 사고, 그리고 해커와 사기꾼들이 만들어낸 흙탕물. 우리는 지난 몇 년간 그 거친 비바람을 온몸으로 맞으며 여기까지 왔다. 누군가는 비에 젖어 떠나갔고, 누군가는 파도에 휩쓸려 사라졌다.

하지만 비는 반드시 그친다. 흙탕물이 가라앉으면, 바닥에 깔려 있던 진짜 보석들이 모습을 드러낸다. 비트코인 ETF의 승인, STO의 제도권 진입, 그리고 블록체인 기술의 대중화. 이 거대한 흐름은 이제 그 누구도 거스를 수 없는 맑은 하늘이 되어가고 있다.

나침반이 되기를 바라며

나는 이 책이 그 거친 파도 속에서 길을 잃은 투자자들, 그리고 정책의 방향을 고민하는 입안자들에게 작은 나침반이 되기를 바란다. 투자자들에게는 "눈에 보이는 호가창을 믿지 말고, 그 뒤에 숨겨진 구조를 보라"는 조언을, 정책가들에게는 "혁신을 두려워하지 말고, 리스크를 관리하며 파도를 타라"는 제언을 남기고 싶다.

1000억 비트코인은 거래소에 없다. 진짜 기회는 항상 대중의 눈이 닿지 않는 보이지 않는 곳(OTC)에 있다. 그리고 그 기회를 잡는 것은 요행을 바라는 자가 아니라, 철저하게 준비하고 검증하는 자들의 몫이다.

다시, 호가창을 끄며

이제 나는 맨데이트로서 쥐고 있던 위성 전화기와 암호화된 메신저를 잠시 내려놓으려 한다. 대신 내 손에는 펜과 두꺼운 논문집이 들려 있다.

지난 수년간 싱가포르와 한국을 오가며 마주했던 수많은 얼굴들이 스쳐 지나간다. 규제가 무서워 싱가포르행 비행기에 몸을 실었던 청년 창업가들의 비장한 눈빛, 1,000억 원의 자산을 지키기 위해 땀 흘리며 렛저 버튼을 누르던 홍콩 자산가의 떨리는 손, 그리고 제도권 진입을 위해 은행 심문실에서 밤새 서류를 검토하던 동료들의 열정.

그 모든 순간이 나에게는 살아있는 교과서였고, 치열한 전쟁터였다. 나는 그 현장의 야성을 잊지 않을 것이다. 하지만 이제는 그 야성을 지성으로 승화시켜야 할 때다.

나의 새로운 멘데이트는 명확하다. 기술과 법, 시장과 규제가 충돌하지 않고 맞물려 돌아가는 지속 가능한 금융 생태계를 설계하는 것이다.

그리하여 먼 훗날, 대한민국의 후배 창업가들이 나처럼 007 가방을 들고 국경을 넘지 않아도 되는 세상. 혁신적인 아이디어 하나만 있으면 서울 여의도나 강남에서도 진 세계 자본을 유치하고, 안전하게 사업을 펼칠 수 있는 세상. 그런 단단하고 투명한 토양을 만드는 데 나의 연구가 작은 밀알이 되기를 소망한다.

호가창 밖의 세상으로 나온 당신의 항해에, 건투를 빈다.

202X년, 싱가포르 래플스 플레이스에서
양인성 씀

[부록] 핀테크 & OTC 핵심 용어 해설집 (Glossary)

이 용어집은 본문에 등장하는 가상자산 및 장외거래(OTC) 관련 전문 용어들을 독자들의 이해를 돕기 위해 정리한 것입니다.

ㄱ

- **가스비 (Gas Fee)** : 블록체인 네트워크를 사용할 때 채굴자(검증자)에게 지불하는 수수료. 네트워크 혼잡도에 따라 가격이 변동하며, 이더리움의 가스 가격은 Gwei(1 Gwei = 0.000000001 ETH) 단위로 표시된다. OTC 거래 시 빠른 전송을 위해 맨데이트는 수수료를 일부러 높게 책정하기도 한다.
- **가상자산사업자 (VASP; Virtual Asset Service Provider)** : 가상자산의 매도, 매수, 교환, 이전, 보관, 관리 등을 영업으로 하는 자. 한국의 특금법상 VASP 신고를 마친 거래소만이 원화 거래를 지원할 수 있다.
- **거버넌스 토큰 (Governance Token)** : 탈중앙화 조직(DAO)이나 프로토콜의 의사결정에 참여할 수 있는 권한을 가진 토큰. 주식회사의 의결권 주식과 유사하다.
- **계정 추상화 (Account Abstraction)** : 이더리움의 ERC-4337 표준 등으로 구현되는 기술. 복잡한 개인 키 관리 없이 이메일 로그인이나 수수료 대납 등을 가능하게 한다. 한때 대중화의 핵심 기술로 주목받았으나, 최근에는 독자적인 지갑보다는

기존 금융 앱이나 서비스의 백엔드 기능으로 흡수되는 추세
다.

- **김치 프리미엄 (Kimchi Premium)** : 한국 내 가상자산 가격이 해
외 거래소보다 높게 형성되는 현상. 한국의 외국환거래법으
로 인한 차익거래(Arbitrage) 제한과 높은 소매 투자 수요가 결
합되어 발생한다.

ㄴ ~ ㄷ

- **네거티브 규제 (Negative Regulation)** : 법률에서 금지한 행위가
아니면 원칙적으로 모두 허용하는 규제 방식. 싱가포르가 이
방식을 채택하여 핀테크 혁신을 주도하고 있다. (반대말: 포지
티브 규제)

- **니모닉 / 시드 구문 (Mnemonic / Seed Phrase)** : 지갑 복구를 위
한 12~24개의 영어 단어 조합. BIP-39 표준에 따라 생성된
다. (니모닉 : 사람이 기억하기 쉬운 영어 단어 형태. / 시드: 니모닉을 해시
함수에 넣어 생성된 512비트 이진 데이터(실제 키 생성용). (※주의: 니모닉
이 노출되면 해당 지갑에서 파생된 모든 주소의 자산이 탈취될 수 있다.)

- **다크풀 (Dark Pool)** : 거래소 밖에서 이루어지는 익명 대량 매
매 시스템. 주문 정보가 호가창에 공개되지 않아 시장 가격
에 충격을 주지 않고 대량 거래가 가능하다. OTC 시장의 기
원이다.

- **델타 뉴트럴 (Delta Neutral)** : 현물 자산 보유량만큼 선물 시장

에서 반대 포지션(공매도 등)을 취하여, 시장 가격 변동에 따른 손익을 '0(중립)'으로 만드는 투자 전략. 마켓 메이커(MM)들이 주로 사용한다.

- **디파이** (DeFi; Decentralized Finance) : 탈중앙화 금융. 은행이나 중개인 없이 블록체인 스마트 컨트랙트를 통해 예금, 대출, 투자 등이 이루어지는 금융 시스템.

ㄹ ~ ㅁ

- **라자루스** (Lazarus Group) : 북한 정찰총국 소속으로 알려진 해킹 조직. 전 세계 가상자산 거래소를 해킹하여 수조 원을 탈취했다. 이들이 세탁한 코인(Tainted Coin)을 취급하면 미국 OFAC 제재 대상이 될 수 있다.

- **렛저 나노** (Ledger Nano) : 대표적인 콜드월렛(하드웨어 지갑) 브랜드. USB 형태의 기기로, 프라이빗 키를 인터넷과 차단된 상태에서 보관하여 해킹으로부터 안전하다.

- **마켓 메이커** (MM; Market Maker) : 시장에 매수 및 매도 호가를 지속적으로 공급하여 유동성을 조성하는 참여자. 스프레드(매수-매도 차익)를 수익원으로 한다.

- **맨데이트** (Mandate) : 본래 '위임'이라는 뜻으로, OTC 시장에서는 거대 자본(바이어/셀러)으로부터 거래 권한을 위임받은 공식 대리인을 칭한다. 단순 중개인(브로커)과 달리 딜 구조 설계, 법률 검토, 에스크로 설정 등을 총괄한다.

- **멀티시그 (Multi-signature)** : 하나의 지갑에서 출금하기 위해 여러 개의 키(서명)가 필요한 보안 방식. 예를 들어 3개의 키 중 2개 이상이 서명해야 전송이 되는 '2-of-3' 방식이 있다. 내부 횡령 방지에 효과적이다.

- **메타마스크 (MetaMask)** : 이더리움 기반의 대표적인 핫월렛(Hot Wallet). 웹브라우저 확장 프로그램 형태로 사용이 편리하지만, 해킹 위험이 있어 거액 보관용으로는 권장되지 않는다.

- **멤풀 (Mempool)** : Memory Pool의 약자. 블록체인 트랜잭션이 채굴자에 의해 블록에 담기기 전 대기하는 공간. 멤풀이 혼잡하면 전송 지연(Pending)이 발생한다.

ㅂ ~ ㅅ

- **블록체인 탐색기 (Block Explorer)** : 블록체인상의 모든 트랜잭션, 블록, 주소 정보를 검색할 수 있는 웹사이트. 투명한 거래 검증을 위해 필수적이다. (비트코인 : Blockchain.com, Mempool.space/이더리움 : Etherscan)

- **비가역성 (Irreversibility)** : 블록체인의 특성 중 하나로, 한 번 기록된 거래는 수정하거나 취소할 수 없다는 성질. 보안에는 장점이나, 오송금이나 사기 피해 시 자금 회수가 불가능하다는 단점이 있다.

- **샌드박스 (Regulatory Sandbox)** : 신기술이나 새로운 서비스가

출시될 때, 일정 기간 기존 규제를 면제하거나 유예시켜 주는 제도. 아이들이 다치지 않고 노는 모래터(Sandbox)에서 유래했다.

- **성공 보수 (Success Fee)** : OTC 거래가 최종적으로 성사되었을 때 맨데이트가 받는 수수료. 통상 거래액의 1~5% 수준이며, 거래 규모와 난이도에 따라 달라진다.

- **스마트 컨트랙트 (Smart Contract)** : 계약 조건을 코드로 구현하여, 조건이 충족되면 자동으로 계약이 이행되도록 하는 블록체인 기술.

- **슬리피지 (Slippage)** : 매매 주문 시 호가 공백으로 인해 체결 가격이 주문 가격보다 불리하게 밀리는 현상. 대량 매매 시 거래소 호가창에서 주로 발생하며, 이를 피하기 위해 OTC 거래를 이용한다.

ㅇ

- **아토믹 스왑 (Atomic Swap)** : 서로 다른 블록체인 간에 중개자 없이 코인을 교환하는 기술. 거래가 동시에 일어나거나, 실패 시 둘 다 취소되는 원자성(Atomicity)을 가진다.

- **알파 (Alpha) 시장** : 평균 수익률(Beta)을 초과하는 수익. 맨데이트와 헤지펀드 매니저들이 추구하는 목표다.

- **에어갭 (Air-gap)** : 해킹 방지를 위해 컴퓨터나 저장 매체를 인터넷 등 외부 네트워크와 물리적으로 격리시키는 보안 기법.

콜드월렛 사용 시 필수적이다.

- **에스크로 (Escrow)** : 거래 안전을 위해 제3자가 대금을 보관하고 있다가, 거래 조건이 충족되면 대금을 전달하는 제도. OTC 시장에서는 법무법인이나 은행이 이 역할을 수행한다.

- **오염된 코인 (Tainted Coin)** : 해킹, 다크웹, 자금 세탁 등 범죄에 연루된 이력이 있는 코인. 온체인 분석 툴에 의해 식별되며, 제도권 거래소 입금이 거부되거나, 추가 소명이 요구될 수 있다.

- **오프 램프 (Off-ramp)** : 가상자산을 팔아 법정화폐(현금)로 바꾸는 과정. 반대로 현금으로 코인을 사는 것은 온 램프(On-ramp)라 한다.

- **온체인 데이터 (On-chain Data)** : 블록체인상에 기록된 모든 거래 내역. 누구에게 얼마를 보냈는지 투명하게 공개되므로, 자금 흐름 추적 및 분석이 가능하다.

- **외국환거래법** : 대한민국과 외국 간의 자본 이동을 규제하는 법률. 가상자산 차익거래를 위한 송금을 '불법 외환 송금'으로 규정하여 김치 프리미엄을 유발하는 원인으로 지목된다.

- **유동성 공급자 (LP: Liquidity Provider)** : 시장에 자산을 공급하여 거래가 원활하게 이루어지도록 돕는 주체. OTC 시장에서는 대량의 물량을 한 번에 인수(Underwrite)하는 거대 자본을 의미한다.

- **작업증명** (PoW: Proof of Work) : 채굴자가 컴퓨터 연산을 수행하여 블록을 생성하고 네트워크를 유지하는 방식. **비트코인(BTC)**이 사용하는 합의 알고리즘이다.

- **자금세탁방지** (AML: Anti-Money Laundering) : 범죄 자금의 출처를 숨기는 행위를 막기 위한 법률 및 절차. OTC 거래 시 필수적으로 거쳐야 하는 과정이다.

- **재고 위험** (Inventory Risk) : 자산을 보유하는 동안 시장 가격이 하락하여 발생하는 손실 위험. 프린시펄(Principal) 모델의 OTC 데스크가 감당해야 하는 리스크다.

- **제로 컨펌** (0-Confirmation) : 트랜잭션이 네트워크에 전파되었으나 아직 어떤 블록에도 포함되지 않은 상태(Unconfirmed). 이 단계에서는 다음과 같은 위험이 존재한다.

  - **탈락**(Drop) : 멤풀 혼잡 시 수수료 낮은 트랜잭션은 노드에서 제거될 수 있음.

  - **대체**(Replace): RBF 활성화 시 발신자가 수신자를 변경한 새 트랜잭션으로 대체 가능.

  - **이중 지불**(Double Spend) : 동일 자금을 다른 곳으로 보내는 트랜잭션이 경쟁할 수 있음.

- **준비금 증명** (PoR; Proof of Reserves) : 거래소가 고객의 자산을 실제로 보유하고 있는지 블록체인상에서 증명하는 것. FTX 사태 이후 중요성이 부각되었다.

- 지분증명 (PoS: Proof of Stake) : 검증자가 자신의 자산을 예치 (스테이킹)하여 블록을 생성하는 방식.[1]

- **청정 코인** (Clean UTXO) : 채굴 보상으로 생성된 직후 단 한 번도 거래되지 않은 코인. 범죄 연루 가능성이 '0'이므로 기관 투자자들이 프리미엄을 주고 선호한다. 현장에서는 은어로 '처녀 코인(Virgin Coin)'이라 불리기도 한다.

- **체이널리시스** (Chainalysis) : 세계적인 블록체인 데이터 분석 기업. 수사기관 및 금융기관에 자금 추적 솔루션을 제공한다.

- **토큰 표준** (Token Standard) : 블록체인 위에서 토큰을 발행하기 위한 기술적 규격. (예: 이더리움의 ERC-20, ERC-721 등)

- **트래블룰** (Travel Rule) : 자금 이동 시 송금인과 수취인의 신원 정보를 함께 전송하도록 하는 규정. 가상자산 사업자 간 이동 시에도 적용된다.

ㅍ ~ ㅎ

- **프라이빗 키** (Private Key) : 가상자산 지갑의 자금을 통제하는 암호학적 열쇠. 은행 비밀번호와 달리 다음과 같은 특성을 가진다.

  - **복구 불가** : 분실 시 은행처럼 재발급받을 수 없다. 자산은

---

1. 이더리움(ETH)은 2022년 9월 'The Merge' 업데이트를 통해 PoW에서 PoS로 전환했다.

영원히 잠긴다.

- **노출 = 전액 손실** : 타인에게 노출되면 즉시 전 자산이 탈취
될 수 있으며, 되돌릴 수 없다.

- **변경 불가** : 한 번 생성된 키는 변경할 수 없다.

(※ 비유하자면, 은행 비밀번호가 '집 현관 비밀번호'라면 프라이빗 키는 '집
자체의 소유권 증서'에 가깝다.)

- **플래시 론** (Flash Loan) : 담보 없이 가상자산을 대출받아 한 블
록 내에서 상환하는 디파이 기술. 차익거래에 쓰이지만, 해
킹이나 잔고 증명 사기에 악용되기도 한다.

- **피아트** (Fiat) : 법정화폐. 달러(USD), 원화(KRW) 등 국가 중앙
은행이 발행하고 보증하는 실물 화폐를 뜻한다.

- **핫월렛** (Hot Wallet) : 인터넷에 연결되어 있어 입출금이 편리
한 지갑. 거래소 지갑이나 모바일 앱 등이 해당되며, 보안에
취약하다.

- **해시레이트** (Hashrate) : 비트코인 채굴을 위해 동원된 연산 처
리 능력의 총합. 네트워크의 보안성을 나타내는 지표다.

A ~ Z

- **CBDC** (Central Bank Digital Currency) : 중앙은행이 발행하는 디
지털 화폐. 비트코인과 달리 가치가 고정되어 있으며 국가가
보증한다. (Legal Tender)

- **KYC** (**Know Your Customer**) : 금융기관이 고객의 신원을 확인하는 절차. 여권, 거주지 증명 등을 요구한다.

- **OFAC** (**Office of Foreign Assets Control**) : 미국 재무부 해외자산 통제국. 북한, 이란, 러시아 등에 대한 경제 제재를 총괄하며, 제재 위반 시 달러 금융 시스템에서 퇴출시킨다.

- **OTC** (**Over-The-Counter**) : 장외거래. 정규 거래소 밖에서 매수자와 매도자가 직접(혹은 중개인을 통해) 가격을 협상하여 거래하는 방식. 대량 거래 시 주로 이용된다.

- **RBF** (**Replace-By-Fee**) : 전송이 지연될 때 더 높은 수수료를 내고 기존 거래를 대체하는 기능. 사기꾼들이 0-Confirm 상태에서 이중 지불 공격이나 '바꿔치기 사기'에 악용하기도 한다.

- **RWA** (**Real World Asset**) : 현실 세계의 자산(부동산, 채권, 미술품 등)을 블록체인 토큰으로 구현한 것.

- **STO** (**Security Token Offering**) : 토큰 증권 발행. 실물 자산을 담보로 하는 증권형 토큰을 발행하여 자금을 조달하는 방식.